戦後と災後の間

——溶融するメディアと社会

吉見俊哉
Yoshimi Shunya

a pilot of wisdom

目次

本書は、北海道新聞・東京新聞・中日新聞・西日本新聞の各紙に掲載された「社会時評」をもとに、一部加筆・修正して構成したものです。本文中に登場する人や団体の名称・肩書等は基本的に掲載当時のものです。

プロローグ

「災後」の始まりと終わり

戦後と災後の間とは、いつのことを指すのだろうか――。

「災後」とは、二〇一一年三月一一日の東日本大震災の直後、御厨《みくりや》貴《たかし》によって提案された概念である。御厨は、日本全体がまだ震災と原発事故の衝撃のただなかにあった同年三月末から四月にかけて、「読売新聞」（三月二四日）と『中央公論』（五月号）において、二〇一一年以降の日本の未来を「戦後」から区別される「災後」として捉えることを提案した。彼は、東日本大震「災後」を、関東大震「災後」、それに阪神・淡路大震「災後」と比較しつつ、「災後」が後藤新平の帝都復興、同時に政党政治の危機に向かった一九二〇年代とも、あるいは「災後」が都市神戸の復興に集中していた九〇年代とも異なり、二〇一〇年代の「災後」は広範囲かつ中長期に及ぶもので、日本の歴史を根底から転換させる可能性があると論じた。

以来、何人かが「災後」の語を使ってきたが、多くの場合、それらの「災後」への言及は二〇一一年三月から一、二年間に限定されている。大震災と原発事故の衝撃により、二〇一一年から一二年にかけて日本を覆った「災後」の時代意識は、一三年以降になると徐々に薄らいでいったのだ。これらの論者の「災後」の理解は、「震災後」と「敗戦後」を重ねるものだったと言っていい。ある者は、津波が三陸沿岸の町々を襲う様子を戦争末期の激しい空襲に重ね、空襲＝津波の後に家々が跡形もなくなってしまった衝撃を語った。またある者は、福島第一原発事故を広島・長崎の被爆経験と重ねた。そこでは東日本大震災後の東北の荒涼たる風景、そして「核」の露出が、敗戦後の焼け野原や被爆体験に結ばれるのである。

前者は「災後＋戦後」、後者は「災後＝敗戦」という視点に立つ。共通するのは、歴史は内在的な力でだけ変化するのではなく、大震災のようなカタストロフは、戦争と同様、歴史を大転換させる可能性があるとの認識だ。当然、カタストロフにはインフラ破壊や経済システムの崩壊といった次元と、私たちの意識のパラダイム転換という認識論的な次元がある。歴史の変動において後者はしばしば決定的な役割を果たしてきた。たとえば二〇〇一年九月一一日の同時多発テロは、アメリカ国民の意識にトラウマ的な衝撃を与え、それがグローバルな地政学的秩序が保ってきた均衡を不可逆的に変容させていった。東日本大震災と福島第一原発事故は、まさしくそのような「ショック」（ナオミ・クライン）の経験だったが、「ショック」という点では、一九九五年の阪神・淡路大震災とオウム真理教による地下鉄サリン事件も同じくらい根底的な「災後」の契機だったと考えられるだろう。

つまり、「災後」の終わりについての理解が論者の間で一致していないだけでなく、「災後」の始まりも、二〇一一年三月一一日だけに限定することはできない。一九九五年一月一七日を、やはりもう一つの「災後」の始まりとして記しておくべきだし、グローバルな視点に立つならば、アメリカ人にとっては二〇〇一年九月一一日が、彼らの意識の「災後」の始まりだった。もちろんこの場合、この「災後」は、彼らにとってのもう一つの「災後」、すなわち一九四一年一二月八日（アメリカ時間では一二月七日）、日本軍による真珠湾攻撃で生じたトラウマを重ねられる。多くの日本人には違和感があろうが、彼らには「パールハーバー」は、のちの「9・11」にも匹敵するトラウマ的衝撃をもたらし、その後の歴史に影響を与えたのである。地球大で考えるなら、私たちの歴史はいくつもの「災後」によって切断されてきた。

「戦後」の始まりと終わり

「災後」の始まりが一つではないのと同じように、「戦後」の始まりも一つではない。たしかに沖縄・奄美・小笠原以外の日本本土に住む多くの日本人には、一九四五年八月一五日が、「戦後」が始まるスタートラインとして記憶されている。だが、この一カ月半前に悲惨を極めた沖縄戦は終わっており、島々はすでに米軍占領下にあった。さらに遡れば、日本軍が本土で制空権を失う一九四四年末、日本の敗北はすでに決定的なものになっており、そこから半年以上、東京大空襲に沖縄戦、広島・長崎の原爆と、膨大な死と悲惨が爆風と共に人々を襲い、「敗戦」としか言いようのない状態が続いていた。だから「敗戦」と「戦後」の間にはずれがあり、本当はこのずれの「空白の時代」（鶴見俊輔）にこそ、日本の「戦後」を考える鍵がある。

他方、一九四五年八月を過ぎても、「戦後」はどこでも始まっていたわけではない。沖縄返還は七〇年代だから、四五年を始点とする日本の「戦後」は限定的なものでしかない。しかも、少し前まで大日本帝国が侵略・支配していた周辺諸国に視野を広げるなら、一九五〇年代初頭の朝鮮戦争、その後のベトナム戦争と、七〇年代半ばまで戦争が続いていた。韓国は朴正熙《パクチヨンヒ》の、台湾は蔣介石《しょうかいせき》の軍事独裁政権が支配していた。中国大陸は文化大革命の疾風怒濤《どとう》の中にあり、「文化」という言葉とは裏腹に、それは極めて暴力的な時代であった。つまり東アジア全体に「戦後」と呼べる時代が訪れるのは、七〇年代末以降のことである。

「始まり」が一つではないのと同じように、「終わり」もまた一つではあり得ない。『経済白書』が「もはや戦後ではない」と宣言したのは一九五六年のことだが、この場合の「戦後」とは、焼け跡からの復興と欠乏の時代を意味していた。だから今や到来しようとしていた「成長の時代」は、そんな復興の戦後からの脱却を意味したのである。しかし、日本人の多くの意識において、そうした脱却そのものが、「戦後」を意味してもいた。だから話は二重なわけで、敗戦の傷痕としての戦後は、そこからの脱却の歴史としての戦後により振り返られていた。そしてこの後者の意味での戦後は、少なくとも一九七〇年頃までは続いたのである。

すでに『ポスト戦後社会』（岩波新書）で詳論したように、この第二の意味での「戦後」もまた、一九七〇年頃には臨界に達する。七〇年の大阪万博、それに先立つ大学紛争、少し後のオイルショックや日中国交回復、沖縄返還、連合赤軍事件等々の出来事が示したように、一九四五年から六〇年代まで続いた「戦後」が大きくカーブを描き始めるのだ。それから九〇年代半ばまでの四半世紀が、果たして戦後だったのか、もう戦後ではなかったのかについての議論は分かれる。私はこの屈折を強調するため、「ポスト戦後」としてこの時代を捉えたが、「ポスト戦後」は、戦後の後の時代でありながら、なお戦後の延長線上の時代である。そして、そのような「ポスト戦後」的な「戦後」すら過去のものとなっていくのが、一九九〇年代半ばのことであった。だから「戦後」が本当に終わりを告げるのは、九〇年代のことである。

「戦後」と「災後」の間——三重のレンズ

以上のような何重にも異なる始まりと終わりを持った「災後」と「戦後」の間とは、いったいいつになるのだろうか——。これまでの議論を踏まえるならば、この答えはそれほど難しいものではない。「間」とは、異なる幅を含んだ二つの時代の距離である。だからそれは、まず最も狭くは、一九九〇年代半ばということになる。「戦後」はその屈折としての「ポスト戦後」を含めても九〇年代半ばに終わり、他方で「災後」は、早くには阪神・淡路大震災頃から始まっていた。だからまさにその瞬間、「戦後」が終わり、「災後」が始まったのは、一九九〇年代となる。しかし、より深くこの「間」に伏在する問題を捉えるには、もう少し幅広に一九九〇年代半ばから二〇一〇年代までを「戦後と災後の間」として考えていく必要がある。「戦後」が九〇年代半ばに終わっていたにしろ、「災後」が決定的に始まるのはやはり二〇一一年以降なのだ。この中間の時代には、「戦後」を通じて創り上げられたリアリティが空洞化しながらも、なお「災後」に至らない時間が流れている。さらに言えば、狭義の「戦後」はすでに一九七〇年代に屈折していたのだから、七〇年代から二〇一〇年代までの約半世紀を「戦後と災後の間」として捉えることも不可能ではない。とりわけそれを世界史的な「冷戦以後」の文脈に位置づけるには、七〇年代からの世界の変容を視野に入れることが不可欠である。

このように、「戦後と災後の間」は、大雑把には三つの歴史的な幅の重なりの中にある。最も狭いのは一九九〇年代半ばの数年間であり、もう少し広くとれば九〇年代半ばから二〇一〇年代までであり、さらに広げれば七〇年代からの約半世紀がこの「間」となる。他方、二〇一〇年代の現在からこれを捉えるなら、至近距離は二〇一〇年代の動きだが、それらは常に一九九〇年代半ばからの変化の一部として問い返される。さらにそれらは、七〇年代からの約半世紀をかけた歴史的変容の一部でもある。「戦後と災後の間」の撮影には、この三つの時間幅のレンズを遠近両用のメガネのように重ねていく必要がある。ある領域の出来事において一九九〇年代に何が起きていたのか。それは九〇年代から現在に至る四半世紀でどのような展開をたどったのか。さらにそれは、よりマクロに七〇年代以降の世界史的なパラダイムの変化のなかではどう位置づけられるのか。これらが同時並行的に問われなければならないのである。

これが、「戦後と災後の間」と題した本書の企図である。つまり、東日本大震災後という意味での「災後」の二〇一〇年代に足場を置き、この「災後」の近景、それを一九九〇年代半ばからの変化として捉える中景、さらに戦後日本、とりわけ七〇年代頃からの歴史のなかで問いを立てる遠景の三重の焦点距離で撮影した六〇枚の歴史の風景が、本書には登場する。

「フクシマ」と「トランプ」

そのそれぞれの「風景写真」は、私が二〇一三年四月から一八年三月までの五年間、「北海道新聞」「東京新聞」「中日新聞」「西日本新聞」に「社会時評」として毎月掲載してきたものである。各回の文章は長いものではないが、毎月、必ず一本の時評を締切までに書き続けるにはそれなりの持続力が要る（当然、欠落は許されない）。しかも、一方ではあまり同じテーマを連続して取り上げたりしないように配慮すべきだし（読者を飽きさせない）、他方では一貫した視点を保ち続ける必要がある。振り返って全体を読み直してみると、五年間の執筆を通じ、私は自分でも驚くほど同じテーマ、問題に繰り返しこだわり続けてきたように思う。

一言でいうならば、私の五年間の「社会時評」は、「フクシマ」に始まり、「トランプ」に終わったと要約できる。一方で毎年、その季節が来るたびに、私は東日本大震災と福島第一原発事故の残影にこだわり続けた（二〇一三年四月、一四年三月、一五年三月、一六年二月、一七年三月）。初回の冒頭で書いたように、私は、震災と原発事故が決してまだ終わっていないことを強調し続けた。終わっていないのは、一つには人々の記憶において「震災」と「原発事故」を想起させ続けなければならないからだが、同時にこの出来事の核心には「核」の問題があり、それは戦後日本を貫通し、「北朝鮮」や「シンゴジラ」をめぐり論じたように、今なお現代世界を揺るがし続けているからである（二〇一三年六月、八月、一六年一月、六月、九月）。

他方、二〇一六年の春以降、この時評で「トランプ」とは誰なのかについて言及することが急増する。彼が米大統領に当選する半年以上前（二〇一六年三月）、私は「危険」が近づきつつあることを指摘した。「その人物」は、移民、女性など弱い立場の者を誹謗《ひぼう》し、根深い人種主義に開き直り、ほとんど詐欺師まがいの言動をして悪びれない。それにもかかわらず、彼への支持が衰えないのは、彼が短い言葉と大げさな身振りで問題を単純化し、テレビ画面上に対立を演出するからである。しかも、彼はひどい暴言の効果を狡猾《こうかつ》に計算しており、情報回路の閉塞化が進むなかで、「自分は見捨てられている」という不安・不満を抱く膨大な情報端末の利用者たちの心情をつかんできた。このような人物に超大国アメリカの権力を握らせることは、必ずや対話の決定的な不在ゆえに世界の劣化を一気に進めるだろう、そう私は書いた。

この警告が、杞憂《きゆう》で終わることを私は心から望んでいたが、現実になってしまった。そして彼は、大統領になってからも、大方において予想された通りの行動を繰り返している。世も末である。このトランプ時代の世界をどう読み解くかが、危惧が現実化した二〇一六年一一月以降の時評でのメイン・テーマとなった（二〇一六年一一月、一七年一月、二月、五月、八月、一一月）。ちょうど私は、ハーバード大学で教えるために二〇一七年九月からボストン郊外に移り住む。トランプ支持層の多い「ラストベルト」とはまったく異なる環境であり、彼のような人物を当選させた背景にある現実に人類学者のように入りこむことはとてもできないが、「トランプのアメリカ」を内から考える絶好の機会となった。そこで、そうした作業をこの時評と並行して始めている（連載「トランプのアメリカに住む」『世界』岩波書店、二〇一八年一月号〜）。「フクシマ」と「トランプ」は、現象的にはまるで別の問題だが、ある一つの時代構造が両者に通底してもいる。それが、本書の副題にもある「溶融するメディアと社会」、そのことによるリアリティの地平の変容である。一方で、トランプ現象の根底には、彼の「嘘《うそ》八百主義」がある。そして彼の大統領としての正統性自体が疑わしいものであることは、就任から数カ月して次々に発覚している「ロシアゲート」疑惑ではっきりしつつある。ある意味で、現代アメリカは巨大な「嘘」の連なりに乗っ取られたのだ。他方、東日本大震災は高度に発達した情報社会のただなかで起きた出来事であり、膨大な記録が諸領域で残された。これらの記録・情報をどう保存し、どう繋《つな》いで未来の資源として活用するかが問われている。つまり、私たちの時代のリアリティは巨大な虚構性のなかにあり、しかし同時にすべての情報が記録性を帯びている。この虚構性と記録性は、未来の社会の決定的な対立軸をかたちづくる。

メディアと社会の溶融

だが、メディアと社会が溶融していたのは「フクシマ」や「トランプ」においてだけではない。二〇一三年から五年間に起きた無数の出来事が、この新しい状況の深刻さを垣間《かいまみ》見せてきた。トランプほどではないにしろ、安倍政権の言葉遣いには突出した軽々しさが目立つ（二〇一五年六月）。言葉はそもそも未来への希望である。だからその言葉があまりにその意味や根拠などお構いなしに濫用されていくと、私たちは現状を理解する術《すべ》を失い、未来への希望と絶望の区別がつかなくなる。もちろん「濫用」は安倍政権だけの専売特許ではなく、すでに小泉政権の頃からか政治家たちが言葉を対話の媒介としてではなく、もっぱら自らのパフォーマンスのための「お守り」として多用するようになった。おそらくこの軽々しさの増殖は、私たちを取り巻くメディア環境、つまりネット社会化による言葉の量的爆発と無関係ではなかろう。

そして、日常的な経験において「メディアと社会の溶融」を顕著に示したのは、二〇一六年夏の「ポケモンGO（ゴー）」の大ブームであった（二〇一六年八月）。情報技術の媒介により現実の風景のなかに仮想の風景が出現し、この空間の二重化が人々の身体感覚を周囲から遊離させたのだ。この遊離は、「現実の風景」とはそもそも何なのかという問いを喚起する。

他方、「ポケモンGO」よりも深刻な仕方でデジタル情報社会での真実性の揺らぎを問題化させたのは、「STAP細胞」の信憑性《しんぴょうせい》が問われた小保方晴子をめぐる事件であった（二〇一四年四月）。この事件では、マスコミ報道が滑稽なほど「小保方称賛」から「小保方バッシング」に揺れた。しかし、問題となった画像の転用や加工、海外サイトからの複写は、膨大に流通するデジタル情報の海で起きたことで、重要なのは情報技術がすでに研究者コミュニティにおいても「事実」に対する日常感覚を変容させていたことである。一九九〇年代半ばに起きたソーカル事件とは異なり、悪意などまるでなくても、「捏造《ねつぞう》」「改竄《かいざん》」「盗用」が容易に生じる技術的環境が地球規模で拡張しているのだ。この新しい技術的環境のなかでマスコミ報道に疑問を呈していったのは、専門誌ではなくネット上の匿名のボランティアたちの活動であった。

よりマクロに眺めるならば、今、生じているのは、とてつもなく巨大な情報が蓄積可能になり、検索・解析技術の高度化によって近未来がある程度まで予測・操作可能になってきている事態である。この問題の深刻さは、エドワード・スノーデンの事件によって全世界に露呈した(二〇一三年七月)。現代の情報地政学は、国家が機密を秘匿化し、それをジャーナリズムが暴くという古典的なパターンから、国家はあらゆる個人、機関の情報を収集し、それを高度な検索・解析技術で利用していくのに対し、草の根的な情報ネットワークはやはり莫大《ばくだい》な情報のデータベース化でこれに対抗していくという新しいパターンに移行しているのである。

この新しい情報の地政学を浮かび上がらせたもう一つの出来事は、「パナマ文書」の一件であった(二〇一六年五月)。世界のジャーナリストが連携した国際調査報道が、顧客一万四〇〇〇、二一万社のペーパーカンパニー、過去四〇年間の一〇〇〇万件の文書、つまりは二・六テラバイトの莫大な情報をコンピュータ解析することで、各国の指導者や企業が水面下でしてきた税金逃れの実態を浮かび上がらせたのだ。不平等と不正義に満ちた世界に立ち向かうには、専門家たちのコンピュータ技術を駆使したボーダーレスな連携が不可欠なのだ。

これらの事象は、「事実とは何か」という問いと共に、「情報はいったい誰のものなのか」という問いを改めて提起する。この問いは、一方では国家的ないしは公共的な情報の管理・公開体制の問題（公文書管理と情報公開）、他方では私的に生み出された知識、情報、コンテンツの公共的な使用をめぐる問題（著作権とパブリックドメイン）へと向かうことになる。

一方で、公文書管理と情報公開が、デジタル情報社会と民主主義の関係において決定的に重要であることを、私は五年間の時評で何度も強調してきた（二〇一三年一一月、一二月、一七年六月）。要点は、「国家の情報管理」と「国民の知る権利」のバランスにあり、このバランスを保障するのが持続的に安定した公文書管理体制である。そのようなことを二〇一三年に書いていたら、一七年になって加計学園問題が俄《にわか》に浮上し、内閣府と文科省のやり取りを記録した文書の扱いが焦点化していった。逆に言えば、公的文書の記録・保存・公開体制が曖昧だから、後からさまざまな憶測や解釈が行き交い問題がスキャンダルの種となるのである。

他方、情報に対する個人や企業の所有権が強くなりすぎることで、その公共的な利用による価値の創造を阻害する可能性があることも、繰り返し論じてきたところである（二〇一三年一〇月、一七年九月）。二〇世紀初頭でも公表から三〇年程度だった著作権保護期間は、その後、ハリウッドに代表される文化産業の圧力で延長され続けた。だが、土地やモノと異なり、情報は多くの人が共有し、使ってこそ新たな価値を生む。過剰な囲い込みは文化を貧しくし、社会から創造の契機を奪う。ネット社会化が進むなかで、ＩＴ産業にとっては著作権処理のハードルを低くし、埋もれた情報を大規模に活用できる体制を整えるほうが益があるとの認識も広まりつつある。日本の音楽産業の著作権問題でも再論したように、作者の権利保護は、あくまで文化を創造する共同的基盤の維持という枠内に位置づけ直されるべきである。

東京のゆくえ／日本のゆくえ／世界のゆくえ

さて、以上の他に、連載では三つの柱について繰り返し論じてきた。一つは東京オリンピック問題、あるいは都知事選や都議会も含めた東京問題である（二〇一三年九月、一四年七月、一〇月、一五年七月、一六年七月、九月、一〇月、一七年七月）。そこで書いたように、東京オリンピックをめぐるさまざまな問題の噴出は、私たち自身が半世紀前の東京五輪からの価値軸の転換ができていないことに根本の原因がある。「より速く、より高く、より強く」を目指した一九六四年の東京五輪は、成長のシンボルとしての五輪だった。だが、高速化、高層化、巨大化する東京の先にあるのは列島全体の文化や生活、環境の荒廃である。一極集中に帰結しない東京の未来を構想するには、過去半世紀を通じて東京が歩んだ道への反省が不可欠となる。つまり、二〇二〇年の東京五輪が目指すべきなのは、「より愉《たの》しく、より靭《しな》やかに、より末永く」豊かさが息づく東京への転換であり、そこでは「開発／反開発」の政治から「持続可能性」の政治への転換が必須となる。当然、この転換は、文化、環境、少子高齢化、情報、防災、地方との連携を貫くものでなくてはならない。だが、その先導役となるべき東京都が著しく「サイロ」化し、職員たちが自分の部署の規則や常識に従うことにばかり熱心で、情報の横断的共有を欠き、誰しもが全体的展望に無関心な状態だとすると、そんな転換は到底できるはずもない。

残る二つの議論の柱のうち一つは、安保と沖縄、そして日米関係だと言っておこう。なぜなら、この問題軸こそ、一九四五年から七〇年以上にわたり、現代日本の根幹を貫いてきた基軸だからだ。時評の連載では、どちらかというと変化の局面、つまり一九九〇年代半ばに何が構造変容を遂げ、それがその後の歴史をどう導いたのかを示すことに力点を置いたので、この一世紀以上は続きそうな連続性を前面に出してはこなかった。しかし、安倍政権が推進した安保関連法案と反対運動の広がり、沖縄米軍基地の辺野古移設問題、オバマ大統領（当時）の来日と広島演説、安倍首相の訪米と議会演説等々、取り上げてきた多くの出来事は、この日本とアメリカの間に横たわる問題軸をめぐって生じたものだ（二〇一三年五月、一四年一月、五月、六月、一五年五月、八月、一六年六月）。だから当然、これは現代を捉える中心的な視座の一つとして軸に据えなくてはいけない。そしてこのことは、逆に日韓、日朝、日中、日台といった日本とその近隣アジア諸国の関係が、日米という極太の軸に対して周縁化されていることを含意する。断っておくが、私はそれがいいと思っているのではない。そうではなく、まずはこうした地政学的な見通しのなかに現代日本は捕えられていると言っているのである。

さて、柱の最後は、現代世界におけるテロリズムと戦争の危機である（二〇一四年八月、一一月、一五年一月、二月、一七年八月）。そこで強調したのは、一つには「戦争」と「日常」の近さ、あるいは「戦争」地域と「平和」地域の間のかつてのような遠隔性の消失である。実際、マレーシア航空機のウクライナ上空での撃墜事件では、地上の「戦争」と上空の「日常」を隔てていたのが、わずか数十秒の距離でしかなかった。あるいは欧米で見通しもなく周縁化されてきた少数派が、低くなった国境を容易に越えて中東に渡り、軍事訓練を受けて帰国する。そのとき彼らをテロ行為から隔てるのは、ほんのわずかの心理的距離でしかなくなっている。しかも、ネットを通じて流れる映像イメージは、残虐な暴力を増殖させていく触媒にもなる。これが、もう一つの強調点であった。「シャルリー・エブド」の事件や「イスラム国（IS）」について論じたように、漫画や映画のイメージは翻訳という中間項なしに異文化に入り込む。これは、視覚イメージの強みだが、この直接性が逆に多大なリスクをも生むことになる。価値観が著しく異なる人々が混在するなかでイメージが瞬時に共有されていく時、その視覚的記号の含意は猛烈な反発も生み、さらにその視覚性が残虐行為に利用されてもいくのである。

歴史は繰り返す。「戦後」と「災後」の間には、その反復のさまざまな変奏が存在することをすでに述べた。鶴見俊輔の言葉を再び借りるなら、歴史とはメリーゴーラウンドのようなものであって、変奏される諸パターンが何度も廻《まわ》ってくるのである。私たち人間は、神ではないのでそれを上空から眺めることはできないから、ついつい過ぎゆく馬の一頭一頭、目新しい風景の一つ一つに目を奪われる。そして何やらまったく新しい事件が生じているかのように思い込む。しかし、それぞれの風景がどのようなパターンで現れるかを凝視すれば、そこにいくつかの共通の歴史的構造を見出《みいだ》せるはずだ。このプロローグで述べた東京集中（地方の周縁化）や東京オリンピックへの固執、日米関係への没入、そして冷戦体制や国民国家の後退のなかでのテロや新たなる戦争のリスクは、今もそれぞれ異なる時間幅をもって反復されている事象である。そして一九九〇年代以降に話を絞るなら、情報技術の発達に促されたメディアと社会の溶融は、実に多くの出来事の変化を特徴づけてきた。「フクシマ」にしても「トランプ」にしても、他の数々の事件にしても、私たちにはこの現実性の地平の変容のただなかに立ちながら、変容する現在と対峙《たいじ》し、未来への歴史的展望を獲得していくことが求められている。そのような目的のための方法として、〈言葉〉を再構築しなくてはならないのだ。

第一章
記憶の災後
——情報は誰のものか

2013年4月〜12月

原発事故から３年が経過した福島第一原子力発電所（写真提供／共同通信）

薄れゆく原発事故の記憶

二〇一三年四月

福島原発事故は、まだ終わってはいない。原発敷地内では、今も格納容器に溶け落ちた核燃料を冷やすために使われる毎日数百トンの水が高濃度汚染水となって溜《た》まり続けている。二年前の爆発で広範囲に降り注いだ放射性物質を取り除く作業も、今後数十年に及ぶと考えられている。除染の効果も定かでなく、廃棄物を一時保管する仮置き場の設置も、予定地の周辺住民の反対で進んではいない。

震災後、数カ月間は全国の関心が集中し、多くの支援が被災地に集まったものの、歳月の経過とともに被災地は厳しい現実に直面している。東北三県で二年間に一一万人の人口が減少し、全町避難を迫られた原発周辺の住民は、帰還の目途が立たないままだ。被災地の水産業や工業も多くが売り上げを減らしている。補助金が下りることと、地元の復興とは別の話である。

震災も原発事故も、まだ明白に終わってはいないのに、困難な現実への私たちの関心が薄らいでいるとしたら、それは一種の感覚麻痺《まひ》である。一昨年から昨年にかけて、あれほど膨らんだはずの脱原発の社会的なうねりも、昨年末の衆院選の結果とアベノミクスの経済効果への期待に呑《の》み込まれてしまっているかのようである。

3・11は、間違いなく戦後史最大の出来事であり、戦後日本の、さらには近代日本の根本が改めて問われる重大事件である。この事件の重大性から目を逸《そ》らすなら、私たちは現在のみならず未来への展望を見失うだろう。そしてそれが、まさに今、起きつつある事態なのである。

同じような感覚麻痺、つまり被爆体験や放射能への恐怖から来る反核のうねりが、経済的な欲望のうねりに呑み込まれていく経験を、半世紀以上前にも私たちはしていたように思う。

一九五四年三月、ビキニ環礁での米国の水爆実験で大量の放射能が放出され、第五福竜丸の漁民たちが被曝《ひばく》し、水揚げされた魚や国内でとれた野菜、茶からも放射能被害が出るなかで、日本では原水爆禁止運動が急拡大し、国民全体を巻き込むうねりとなった。この運動の広がりは、左翼政党のそれまでの運動の規模をはるかに超え、世論調査でも核兵器反対が圧倒的に支持されていた。

他方、翌年から、政府、米大使館、全国の新聞社が連携して「原子力平和利用」キャンペーンを展開し、人々は「夢の原子力」に魅了されていくことになる。広島、長崎の悲劇を経験した日本だからこそ、原子力が「死の技術」ではなく、「夢の技術」であることを証明しよう、そう主要紙は主張した。資源に乏しい日本にとって原子力は救世主とも語られた。

この流れはやがて六〇年代の所得倍増、高度経済成長のうねりへと糾合されていく。「長い物には巻かれろ」。日本人はこの行動様式を、戦中のみならず戦後・高度成長期にも選択し続けた。その総決算である七〇年の大阪万博には、六〇〇〇万人の観客が集まり、会場は稼働し始めたばかりの敦賀《つるが》、美浜原発から送電された「原子の光」で照らされた。

そして約半世紀後の今、一時は盛り上がりかけた脱原発のうねりも、「アベノミクス」という名の新たなる「夢の経済」へのうねりに呑み込まれつつある。「夢」の心地よさは、麻薬のように私たちの感覚を麻痺させる。しかし現在、この麻痺の先にかつてのような成長経済が待っているはずもないことは明白である。一時ばかりの心地よさの中で震災と原発事故の問いが周縁化されるのなら、私たちは断固これに異を唱えねばならない。

今回から「社会時評」を担当する。私は基本的に、「現在」という時は四半世紀、半世紀といった中長期の時間の流れの中で捉えないと見えてこないと考えている。今、この地球上のさまざまな場所で生じている変化を、そうしたより大きな歴史の時間に位置づけること。そんな現在史の作業にこれから挑戦していきたい。

深まる孤立と対米従属

二〇一三年五月

憲法九六条の改正問題が参院選の争点として浮上している。これが改正されると憲法改正の発議に必要な賛成が衆参各院の三分の二から過半数に引き下げられ、戦後六十五年以上続いた日本国憲法が改変される可能性が大幅に高まる。一般に与党は衆院で過半数を得ているから、憲法改正の発議は非常に容易になる。

九六条改正は、自分が揃《そろ》えたい手に都合がいいようにゲームのルールを変えてしまおうという話に近く、普通は反則技である。こんなことを言い出すプレーヤーは嫌われる。しかも、三分の二の賛成というハードルは、諸外国の憲法改正条件に比べて特別に高いわけではない。改正条件が緩やかになることで、憲法の安定性が失われていくことが心配である。

他方、多くのメディアで世論も憲法改正を支持しているとの報道がなされている。大概五割から六割の国民が改正に賛成で、反対は約三割にとどまるそうだ。無論、地域差があり、沖縄では改憲反対が五割、賛成が二割と形勢は逆転している。

安倍晋三首相を急先鋒とする自民党右派にとって、憲法改正は積年の悲願である。一九五〇年代、改憲に積極的な鳩山一郎や岸信介は、保守合同に際して自民党の政策綱領に「現行憲法改正」を掲げさせ、自主憲法期成議員同盟を組織した。

それから約六〇年後、国政選挙と世論調査の結果を見る限り、この自民党右派の積年の悲願が実現しかねない瀬戸際まで来ているのである。

これは一体どうしたことか。八〇年代、現行憲法は戦後日本社会に広く定着したとの見方が一般的だった。世論調査でも、当時は国民の約七割が現行憲法の精神が定着したと考え、約八割が憲法九条や象徴天皇制を支持していた。とりわけ自民党支持層で憲法に肯定的な人の割合は高かった。バブル経済の繁栄の中でも、憲法はこの繁栄の礎と多数の日本人は考えていた。

この世論が激変するのが九〇年代後半である。NHK放送文化研究所が継続的に実施した世論調査では、一九九二年と二〇〇二年の間で、憲法改正が必要と答える人が三五パーセントから五八パーセントに激増し、不要とする人が四二パーセントから二三パーセントに激減した（『放送研究と調査』二〇〇二年六月号）。当時、多くの世論調査で改憲意見が増えた。

この転機は湾岸戦争で、政府が憲法順守と国際貢献の間で右往左往し、グローバルな動きに対応できないのを見て、それまでの憲法肯定ムードはかすんでいった。日本が冷戦体制内で享受してきた有利な地位を失うなかで、世界と日本をどう結ぶのか、それまでの前提を所与とするのではない新たな構想力が求められていた。

だが、改憲に肯定的な意見は、そのまま九条改正を肯定してはいない。前述の二〇〇二年の世論調査でも、改憲派の四割以上が九条改正に反対していた。憲法は時代に合わなくなってきたが、戦争放棄の条文は維持すべきだとの意見である。現在も改憲意見は多数派だが、九条改正には否定意見が多い。他方、改憲意見には、首相公選や地方分権の拡大、知る権利や環境権等の新しい人権の導入を求める声が多く含まれていた。

いうまでもなく、日本国憲法の根幹は、戦争放棄、国民主権、人権尊重の三原則である。改憲は、この三原則を前進も後退もさせ得る。自民党の改憲草案は、三原則すべてを掘り崩している。「戦力の不保持」が消え、国防軍設置が宣言されるだけではない。基本的人権や表現の自由が「公益及び公の秩序に反しない」という条件付きになり、天皇は日本国の「元首」で、緊急事態が宣言されると何人も国家に全面的に従わなければならない。軍事・統制的色彩が濃厚な改憲案で、戦後の民主主義を根底から反故《ほご》にしかねない。

だが、この二〇年の世界の変化を見よう。多くの軍事独裁国家が民主化へ向かい、日本国憲法が掲げる国民主権や人権尊重は、より深化した形で世界の潮流となった。そうしたなかで、日本がその逆を行く改憲を進めたらどうなるか。九〇年代に日本が直面した課題は世界との新たな関係の構想だったはずなのに、ますます孤立と対米従属の道を歩むことになる。そんな道を日本国民は本当に選ぶのか。選挙はもう間近である。

地球規模で進む原発事故リスク

二〇一三年六月

この一カ月あまり、原発をめぐり起きたこと。――五月一五日、原子力規制委員会は日本原子力研究開発機構の高速増殖原型炉もんじゅが一万個近い機器点検を怠ったため、もんじゅの運転禁止を命じると決めた。規制委は、機構が安定性向上の意欲に乏しいと厳しく指摘した。翌週、この指摘を追認するかのように、茨城県東海村にある同機構の実験施設で放射性物質が漏れ、約三〇人が被曝した。国への通報が一日半遅れ、線量上昇後も警報をリセットして実験を継続していたという。

他方、原子力規制委員会は二二日、日本原子力発電（原電）の敦賀原発二号機の直下に活断層があると正式に認定した。この結果、同原子炉は廃炉に向かうことが確定的となった。廃炉で原電が経営破綻した場合、三〇年はかかる廃炉の費用を誰が負うのかという問題も浮上している。原電は規制委に真っ向から抵抗の構えで、調査班の専門家に、「厳重抗議」と題した文書を送りつけた。原電社長は「専門家はわれわれの意見をほとんど無視した。だから抗議文を送った」と言い放ったという。

そうした中で、安倍政権は成長戦略の柱として「原発再稼働」を明記している。自民党の原発推進派の動きとも連動するもので、党内には再稼働を促す議員連盟も発足した。そして政府は、二〇三〇年までに世界の原発は最大三七〇基程度増えると試算し、各国への原発売り込みを活発化させている。すでにトルコが黒海沿岸に建設予定の原発の受注を確実にし、インドとも日印原子力協定の協議を進展させた。福島原発事故からわずか二年余。一時はうねりのように広がった脱原発の声は、今や成長戦略と原発再稼働の掛け声にかき消されつつある。

国の原子力政策は、すべての原子炉を保護する時代から、原子炉間の差別化を進める時代に変化し、同時にその重心は、国内での建設よりも海外での受注に移りつつある。

歴史は繰り返す。もしも福島原発事故を日本人が経験した四度目の重大な被曝とするなら、三度目の被曝、すなわち一九五四年のビキニ環礁での被曝の後に起きたことと、現在の動きの間には奇妙な類似がある。

約六〇年前、米軍の水爆実験で日本漁船が被曝すると、各地で原水爆反対運動が高揚した。しかし、やがてこのうねりは原子力平和利用の流れへ転轍《てんてつ》されていく。これを支えたのが、およそ三つの語りであった。第一は「救済」の語りで、被爆の「不幸」を原子力平和利用の「希望」によって救済しようとする。第二は「欠乏」の語りで、植民地の喪失で資源を欠く日本にとって、原子力こそ産業復興の基盤だと主張する。第三は「競争力」の語りで、アメリカが推進した原子力産業の海外輸出に適応し、原子力技術を日本の競争力の源にしていこうとする。

やがて七〇年代以降、戦争の記憶が遠のく中で、「救済」の語りは、原発が過疎地域の振興に不可欠との主張に変形していく。そしてその半世紀後、原発導入は地域をすっかり放射能で汚染し尽くしてしまうリスクがあることを福島第一原子力発電所の事故は教えた。

こうして救済の語りも地域振興の語りも破綻した後で、現在も強力に残るのは「競争力」の語り、すなわち原発輸出を正当化する語りである。これはまさに五〇年代の米共和党政権の民活路線を継承し、それを自らの海外展開戦略とするものだ。

その行きつく先を、すでに私たちは知っている。七〇年代から八〇年代にかけて、北米やソ連で重大な原発事故が起きた。その後、アメリカが輸出した原発により、日本で重大な事故が起きた。今から数十年後、今度は日本が輸出した原発で、アジアや中東のどこかで重大な原子力事故が起きるかもしれぬ。

原子力は、二〇世紀が生んだ最大のリスクである。仮に人類が核戦争を逃れても、原発事故の危機は二一世紀を通じて地球の隅々に潜在し続けるだろう。原発は、ますますグローバル資本主義と深く結びついていき、世界の開発経済を支えているからだ。そんな未来を前に、私たちは福島の事故から何を学ぶのか。繰り返される忘却に抗し、事故が突きつけた問いを手放さないこと。まずはそこにこだわり続けるしかない。

グローバルな情報監視と市民的自由

二〇一三年七月

米中央情報局（CIA）元職員のエドワード・スノーデンが暴露した米国家安全保障局（NSA）による莫大な情報の収集・傍受事件が国際的な論議を巻き起こしている。英「ガーディアン」紙によれば、NSAは米市民数百万人の通話履歴を入手しており、グーグル、マイクロソフト、ヤフー、アップル、フェイスブック等の中央サーバーに侵入できる極秘プログラムを開発、サイバー攻撃の標的を定め、世界各地で六万件を超えるハッキングを展開、九七〇億件の情報を収集したという。

これまで中国が国家ぐるみで他国のハッキングをしていると避難されてきたが、米国も同じ穴のムジナということになり、中国政府はここぞとばかり米国批判を強めている。

自国首脳や自国民の個人情報が勝手に傍受・解析されていたことに対し、フランス大統領は「容認できない」と批判、イタリアやドイツも抗議を表明し、欧州委員会は欧州市民に「深刻な懸念」が広がっていると米国に警告した。対照的に日本の外交筋は、「盗聴を前提に日常業務を遂行」していると「冷静」らしい。

本件についての米国世論は分裂しており、暴露は監視国家と化した米国への重要な問題提起との論調も浮上している。スノーデンが当初滞在した香港では、暴露は公益に資し、香港政府は身柄を引き渡すべきでないとの世論が多数を占めた。

これまで「機密漏洩《ろうえい》」には、ある定型があった。国家に焦点化させたくない問題があり、その核心に触れる「秘密」が暴露された場合、情報提供者は「裏切り者」のラベルが貼られ、しばしば異性スキャンダルやスパイ容疑と結びつけられた。

かつて日本では、沖縄返還密約問題が「外務省機密漏洩」事件にすり替えられ、当事者の西山太吉記者のスキャンダルが強調されることで問題の核心が曖昧にされた歴史がある。

しかし、今回の事件を冷戦期の事件と比較すると、三つの顕著な違いがある。まず技術面で、ビッグデータ解析（コンピュータによる莫大な情報の解析）は、近年のＩＴ分野で注目の的だが、インターネットがもともと軍事技術だったのと同様、巨大なデータの収集や高度な解析技術を最も活用してきたのは米国諜報《ちょうほう》機関だった。彼らは全世界の個人情報を無制限に取得した。

第二に、かつて「機密漏洩」は、国家の「秘密」を外に漏らすことだった。だが、今回暴露されたのは、米国が全世界の「秘密」を網羅的に取得した事実である。つまり、ベクトルが逆なのだ。米国は、世界の警察から透視カメラに進化した。この「進化」への転換点は、二〇〇一年九月一一日である。あの日の事件の衝撃の中で、当時のブッシュ政権は「テロとの戦い」を宣言し、全世界のサイバー空間でテロの芽を摘む監視体制を強化した。この路線が、オバマ政権でも変化しなかったことを今回の事件は証明した。

第三に、莫大な機密文書のデータベース化を進めるウィキリークスのようなメディアの誕生で、ネットによる越境的な情報流通は、既存の秘密管理体制を困難にしている。すでにウィキリークスの創設者ジュリアン・アサンジは、今回の事件でスノーデンを徹底擁護している。

つまり、グローバルなネット社会に応じて情報処理技術が発達する中で、二一世紀世界の情報地政学は劇的な変化を遂げている。国家が極秘情報を秘匿する政治が困難になりつつある一方、国家は全世界に存在する情報にアクセスし、その解析からすべてを見渡し始めている。

私たちは、このグローバルな監視に対抗していくことができるだろうか。一つの可能性は、市民社会自体も監視に対抗する情報基盤を構築していくことである。ウィキリークスへの世論の一定の支持もそうした期待からだし、米カリフォルニアの「インターネットアーカイブ」という独立NPOは、一九九〇年代からの全世界のウェブサイトを保存し続けている。

以上のように、今回の漏洩事件が提起したのは、二一世紀世界における情報監視と市民的自由の関係である。海外の論議に比べ、日本のメディアの注目度が低いのは、果たしてこの「自由」への社会の関心が低いことと対応しているのだろうか。

スノーデン事件……二〇一三年六月、複数のメディアに対してNSAの情報収集活動を暴露。オバマ大統領はこれらの活動は合法的であると主張。スノーデン氏はスパイ容疑で訴追された。

広島・長崎の平和宣言と「絶対悪」としての核

二〇一三年八月

一九四七年以来、六〇回以上も出されてきた広島と長崎の平和宣言。しかしこの夏の両市長の宣言には、これまで以上に核廃絶への強い意志が感じられ、心響くものがあった。

六日、松井一実広島市長は、被爆者の癒えぬ戦後の苦しみに寄り添うところから語り始め、「無差別に罪もない多くの市民の命を奪い、人々の人生をも一変させ、また、終生にわたり心身を苛《さいな》み続ける原爆は、非人道兵器の極みであり『絶対悪』です。原爆の地獄を知る被爆者は、その『絶対悪』に挑んできています」と言い切った。

「絶対悪」は強い言葉だが、この言葉を平和宣言に初めて盛り込んだのは、一九九九年の秋葉忠利市長であった。松井は秋葉の後継候補を破って自民党と公明党の推薦で当選した元労働官僚である。しかし今回、松井は三度も「絶対悪」という言葉を使い、政府の毅然としない態度を批判した。

九日、田上富久長崎市長の宣言はより直截《ちょくさい》だった。今春、ジュネーブで開かれた核拡散防止条約（ＮＰＴ）に関する会議に出された核兵器の非人道性を訴える共同声明に、日本は署名しなかった。世界八〇カ国が賛同した中でのことだ。これで日本は、被爆国ながら「核兵器の使用を状況によっては認める」姿勢を世界に示したことになると田上は批判した。

政府が進めるインドとの原子力協定交渉も、NPT加盟なしに核保有するインドへの協力はNPTを形骸化させ、NPTを脱退して核保有を目指す北朝鮮を正当化しかねない。田上は繰り返し政府に「被爆国としての原点に返ること」を求めた。

広島と長崎の両市長の踏み込んだ姿勢は、直接には共同声明に日本政府が署名しなかったことへの失望から来ている。日本が署名しなかったのは、米国の核兵器利用を認める安全保障政策と矛盾するからだ。こんな日米同盟ではまるで被爆者が浮かばれない。広島・長崎両市の戦後六八年の苦難を冒瀆《ぼうとく》するようなもので、市長が怒るのも頷《うなず》ける。

しかし両市長の宣言は、より長期的な確信にも基づくとも感じられた。それを理解するために、過去に出された平和宣言を振り返ってみよう。

最初の平和宣言は原爆投下から二年後に出されるが、原爆は日本に「戦争の継続を断念させ、不幸な戦を終結に導く要因」となったもので、「八月六日は（原爆により）世界平和を招来せしめる機縁を作った」記念日だという、占領下とはいえ実に偽善的な宣言だった。

平和宣言の基調が変化し、核の被害を前面に据えるのは、広島では五〇年代後半、長崎では六〇年代末である。いずれも市長交代が契機で、多数の被爆者が苦しみ続けており、放射能には人類社会を崩壊に導く危険のあることが明言されていく。

七〇年代以降、両市の平和宣言は世界の平和運動と結びつき始める。七二年の宣言は、核大国が、「巨額の富と知能を軍備競争につぎこみ、ぼう大な核兵器」を「集積」するのを告発し、「いかなる国の核実験をも許さぬ核兵器の全面禁止」を標榜《ひょうぼう》した。

そして八〇年代、平和宣言は国際世論との連帯を意識していく。八二年、広島・長崎の両市を中心に設立された平和首長会議は、当初の一二カ国・二七都市から二〇一三年には一五七カ国・五七一二都市加盟の会議へと成長した。並行して、平和宣言で世界の市民による核廃絶の動きが言及される度合いも増えた。

当初は米国の原爆投下を正当化していた平和宣言は、やがて被爆者救済を語り始め、核実験を批判し、核兵器廃絶を目指していった。その中で国家以上に世界の都市や市民が主要な連携先として浮上してきた。今日、原爆投下から六八年を経て、ヒロシマとナガサキの人類史的重要性は減少どころか増しており、そのことに両市長も気づいている。だからこそ平和宣言で、両市長は政府に対抗し、世界に呼びかけるのだ。

東アジアで、国家は再び危険な道に歩み出しかねない雲行きである。だが、広島と長崎の平和宣言の戦後史を顧みると、実に長い時間がかかりながらも着実に前に向かって進んできたことがわかり、少々励まされる。「絶対悪」廃絶に向け、両都市が世界をバックに厳しく国に注文をつけ続けることを期待したい。

二〇一三年九月

文化的成熟が問われる東京五輪

ブエノスアイレスで開かれたIOC総会で、二〇二〇年の第三二回夏季オリンピック・パラリンピックの開催地が東京に決まった。一九四〇年の第一二回大会、六四年の第一八回大会に続き、三度目の招致決定となる。二度あることは三度ある。まずは決定を喜びたい。

四〇年に開催されるはずだった東京大会は日中戦争の激化で開催不能となり、開催権を返上するに至った。六四年大会は実現し、代々木や駒沢の競技場から首都高速まで現在の東京の中核が建設された。しかし、すでに四〇年の東京五輪計画で、神宮外苑《がいえん》の競技場や水泳場の拡張に加え、代々木練兵場や駒沢ゴルフ場の競技場化も構想されていたから、四〇年と六四年には明白な連続性がある。他方、二〇二〇年の大会でも、外苑から代々木までの一帯が主たる会場だから、四〇年、六四年、二〇二〇年の八〇年間をかけた東京の連続性が浮上する。

たしかに一九四〇年と六四年の間には、大きな違いもあった。軍用地問題である。もともと四〇年大会の会場には代々木練兵場を含む構想があったが、これは軍用地転用を含むため軍の理解が得られない。戦後、練兵場は米軍用地となり、これが返還されて選手村や競技施設となっていく。この意味でも、六四年のオリンピックは日本の戦後処理の一部であった。

破滅的な戦争に向かった四〇年、経済成長に邁進《まいしん》した六四年に続き、三度目の開催地決定で東京が目指すべき課題は何か。——その一つの答えは、半世紀前に置き忘れてきたものを見直すことで発見できる。

六四年のオリンピックでの首都改造がその後の東京の運命を決めたことは明白だが、それ以前、戦後の焼け跡から構想されたもう一つの東京計画があった。「戦災復興計画」と総称されるこの計画は、都市の復興が経済よりも文化・環境を軸になされるべきだと考えていた。

なかでも東大総長南原繁《なんばらしげる》と建築家の丹下《たんげ》健三、高山英華《えいか》らは、上野・本郷から小石川までを国際的文教地区として一体的に開発、文化による東京復興の柱にしようとした。この計画では、上野公園から東大を横切り後楽園に至るルートに緑樹で覆われた散歩道を設け、お茶の水と本郷・上野の間の湯島には、「景勝にも恵まれている」ため国際的な学術文化施設を集中させる。さらに、一帯に学生の寄宿舎や知識層の住宅も配し、英国のオックスフォードのような文教都市を出現させようと考えていた。

南原らには、戦後の東京を、経済復興以上に国民の「文化教養の育成にふさわしい環境」にしていこうとする意図があった。こうした計画が部分的にでも実現していたら、六四年の東京五輪の首都改造は、現在とは違う方向に向かったのではないか。

だが、当時の安井誠一郎知事は未来志向の取り組みにまったく消極的で、東京は文化を軸に新しい都市の核を作る決定的な好機を逃した。たとえば新宿・歌舞伎町のその後の歴史は、東京での戦災復興の失敗を象徴的に示しているが、本当は単なる歓楽街の開発ではない、文化都市への構想が新宿にもあったのだ。

そして六〇年代、五輪開催に向かう東京は、首都高速と新幹線に代表される高速輸送と経済成長の首都を作り上げた。丹下設計の競技施設は独創的な意匠で歴史に残ったが、かつての計画との連続性は見失われている。六四年の祭典は、スポーツと復興、経済成長を結んだが、文化の軸は置き忘れた。

今回、個人の思いを直接英語で伝えた東京のプレゼンテーションは、この国がようやく達しつつある文化的成熟を感じさせた。この成熟は、六四年の東京五輪ではまだあり得なかった。この半世紀で日本が獲得した成熟は、政治でも経済でもなく文化的な何かである。

だからこそ、七年後の東京五輪では、大規模施設でも先端技術でもなくこの都市の文化的成熟をまとまった形で示せるかが試金石となる。六四年は、戦災復興から経済成長に社会全体がシフトする瞬間だった。そこで見失われたのは文化である。半世紀後の東京五輪が、一時のお祭り騒ぎや「経済効果」に終わるなら、この成熟は見せかけだったことになる。表面だけでない文化の成熟を、七年後の東京に結実すべきである。

著作権保護は文化創造の精神で

二〇一三年一〇月

今月初め、インドネシアで開かれた環太平洋連携協定（ＴＰＰ）に関する首脳会合は、協議が難航する主要分野の決着を先送りして閉幕した。そうした分野の中でも知的財産権は、保護期間延長を目論《もくろ》む米国と、それが米国企業の一方的な利益擁護にしかならないとして抵抗する新興国の対立が厳しく、国際世論も大きく分裂した状態にある。

もともと一八世紀、英国で知的財産権の先駆けとして著作権が法制化されたころ、その保護期間は公表から一四年だった。その後、保護期間は徐々に延長されるが、米国でも、二〇世紀初頭まで作品公表後二八年が原則だった。しかし、それが一九七六年に作者死後五〇年となり、九八年に死後七〇年に延長された。九八年の延長は、ミッキーマウス等の著作権が二一世紀初頭で切れることを嫌ったハリウッドが米議会に強烈なロビー活動を展開した結果とされる。二〇世紀後半の著作権延長には、米国文化産業の利益関心が強く関与してきた。

だが、二一世紀初頭、グーグル等のＩＴ企業の台頭で、ハリウッド大手主導のこうした著作権ビジネスも転換を余儀なくされつつある。というのも、特定コンテンツの著作権収益よりも莫大な情報の検索とその活用に関心のあるＩＴ産業にとって、著作権保護期間が長すぎることはビジネスの障害だからだ。著作権処理のハードルを低くし、埋もれた知識資源を大規模に活用できる体制を整えることが産業発展の基盤となる。

そうした変化を背景に、最近では米国内でも現状の保護期間が長すぎることが論議されている。今春、マリア・パランテ米国著作権局長は、米下院の公聴会で、モバイル端末を通じて情報が人々の生活にあふれている「デジタル時代の新しい著作権法改正が必要」とし、著作権相続人が当局に権利を登録しない場合、作者死後五〇年で著作権が消える方策を提案した。一定年限を超えて著作権が保護されるには継承者による登録が必要となれば、継承者不明の無数の作品の利用に道が開かれる。

しかし、日本では九〇年代以降、米国に一周遅れで追随するかのように著作権強化の論議が進んできた。九七年、日本文藝家協会は著作権保護期間を米国同様に延長する要望書を文化庁に提出し、マスコミも模倣品・海賊版対策と著作権強化を一緒くたに論じてきた。海賊版を防止し、国際競争力を強化するには、著作権保護を米国並みにしていく必要があるとされた。しかし、日本の著作権使用料は大幅な赤字で、著作権強化は国際競争力の強化どころか逆の結果をもたらす可能性が高い。写真家や実演者等の不十分な保護しかなされてこなかった分野での権利の保障は重要だが、それと既存の著作権をさらに強化していくのは別の話である。

今回のTPP交渉でも、政府内には農業問題よりも米国に譲歩しやすいとして著作権保護期間の延長を認めようとする動きがあるという。だが、著者の死後も過度に長く保護期間を設けることは、作品へのアクセスを制限し、新たな文化的価値が生まれてくる可能性を阻害する。看過できないのは、著作権保護の強化によって、逆に膨大な著者の作品が、その死後誰の目にも触れず、利用もされず、永久に失われてしまう可能性が拡大することである。

ある著者の作品が没後四〇年以降の一〇年間に出版される可能性は、生前から発行された本のうち平均して一・六パーセント前後、五〇年以降ではさらに低くなり、一パーセント以下であることが確かめられている（「朝日新聞」二〇〇七年六月二日）。だから、圧倒的多数の作品は半世紀も経れば販売もされなくなる。保護強化で利益を得るのは作者全体のごく一部にすぎず、むしろ著作権切れになった作品にアクセスできる可能性が一気に減少するから、保護強化がもしも実現すれば、逆に莫大な知的資産を私たちの社会は死蔵することになる。

二〇世紀後半は、マスコミと大衆の時代であった。そうした体制下で著作権は強化され、一部のメディア産業や作家の利益と結びついてきた。しかし、この体制自体が根底から変容しつつある二一世紀、著作権の保護期間を今まで以上に延長するのはすでに時代遅れである。日本が時代の先駆けを狙うのなら、むしろ著作権の保護期間を短縮し、公共的基盤に基づく文化コンテンツの創造的再利用の可能性を拡大すべきである。

TPP……日本、カナダ、オーストラリアなど一一カ国によって二〇一六年に署名された包括的な経済連携協定（米国は二〇一七年に離脱）。関税撤廃、知的財産の保護など幅広い分野で共通のルールを策定。

「国民の知る権利」と公文書管理

二〇一三年一一月

今国会で政府が成立を目指す特定秘密保護法案は、国民の「知る権利」を根本から侵すのではないかと大きな論議を呼んでいる。

論点は三つある。第一に、「特定秘密」の指定が行政機関の長の判断ででき、立法や司法のチェックが利かないため、政権の恣意的判断で情報が秘密化される心配を拭えないこと。

第二に、情報を漏らした公務員ばかりか情報を知ろうとした市民にも厳罰が科せられる余地があるため、言論の自由や市民の調査活動を大きく阻害するかもしれぬこと。

第三に、秘密の指定期間の五年を何度でも更新でき、三〇年を超えても内閣が承認すれば解除しないでいられるので、半永久的に秘密が明らかにならない可能性があること。

つまり、国家が何を、誰から、いつまで秘密にするかということが、民主主義の大原則に照らしてもぎりぎり許されるのかが問われているのだ。このうち第一の指定対象は、防衛、外交、スパイ活動、テロリズムの四項目について、漏洩が「国の安全保障に著しく支障を与える恐れがある」情報となっている。つまり「安全保障」がキーワードだが、安全保障とは国のセキュリティのことである。しかし、国のセキュリティと国民のそれは同じではない。国家の体制維持に必須な秘密が、市民のセキュリティを脅かすことがある。だからこそ民主主義社会では、国の「セキュリティ」を監視する市民の権利が保障されている。

そんなことは百も承知と言われるかもしれない。だが、その職務が国家機能の一部である公務員とは異なり、国民には国の「セキュリティ」を相対化する権利がある。それが主権在民であり、「国民の知る権利」であり、独仏では政府の秘密保護を制限する動きも起きている。

グローバル化とネット社会化の中で、機密情報の扱いは以前よりもずっと難しくなっている。だから国家的な情報管理は、それを相対化できる社会的仕組みの整備と同時に検討されなければならないはずだ。その意味で現法案の重大な問題は、このままだと内閣の承認で半永久的に指定解除できなくなる点にある。この法案は、どう弁解しても「国民の知る権利」を制限する。そのような国民の基本的権利の制限が、本当に適正だったかどうかは、一定期間を経て必ず検証されなければならない。その最低限の権利が確実に担保されない限り、いずれ国の暴走に歯止めをかけられなくなるだろう。

今回政府は、特定秘密保護法案を、「国家安全保障会議（日本版NSC）」の創設とセットにしている。米国との軍事的同盟体制に必須という認識だ。しかしその米国は、世界中の秘密情報を他国首脳の電話を盗聴してまでこっそり集めていたらしい。秘密は米国には筒抜けなのに、日本国民には半永久的に知らされないことにはならないか。

元来、国家的な情報管理が不要なのではない。しかし、今回の法案ではセットにすべきものが違う。秘密保護法案とセットになるべきなのは、情報公開や公的情報の保存・管理システムの大幅強化である。国家の暴走を止めるには、「国民の知る権利」を、組織体制を含めて実質的に基盤強化しなければならない。

だから法案に反対する人々も、公文書管理体制の充実にもっと関心を持つべきだ。秘密は単独で意味を持つのではなく、関連する情報全体の中で意味が明らかになる。その全体が確実に保存され、一定期間後に公開されることが肝心なのである。情報が散逸したのでは情報公開制度も機能しない。公文書管理は、情報公開、ひいては民主主義が成り立つ根幹である。

とりわけ電子媒体での公的情報の包括的な保存体制の確立は喫緊の課題である。近年の公的情報をめぐる紛争は、ほとんどが紙ではなくデジタルで生じている。現在起きているのは、政府の法案を潰せばいいというような事態ではない。複雑化し、巨大（ビッグデータ）化した電子的な情報の流れに対し、公共的に開かれた保存・管理体制を整備しない限り、グローバルなネット社会の中で、私たちはさらなる苦境に追いやられることになるだろう。

特定秘密保護法……安全保障上、秘匿することが必要な情報を「特定秘密」に指定し、漏洩した場合の罰則などを定めた法律。二〇一三年に成立し、翌年から施行された。

情報公開制度と公文書管理体制の強化を

二〇一三年一二月

国会の紛糾、国民の幅広い反対を押し切る強行採決で、特定秘密保護法が成立した。事の流れから感じるのは、「秘密＝情報・記録の秘匿」をめぐり国家と国民の間に存在するすれ違い、さらには相互不信、深い溝である。

この点に関し、日本の現状を象徴する事件が自衛隊で生じていた。二〇〇四年、海上自衛隊（以下、海自）の護衛艦「たちかぜ」に勤務していた二一歳の一等海士が自殺した。自衛隊内で日常的に行われていたいじめが原因であったことが明らかになり、すでに裁判所は国と主犯格の元隊員に遺族への賠償を命じている。

この事件は、自衛隊内でのいじめの常態化という以上に深刻な問題を浮かび上がらせた。国を相手に裁判を起こした遺族が自衛隊の調査報告書を提出するよう求めると、国側は「国の安全に関わる」機密だと反対し、東京高裁で提出が認められるまで一年半を要した。

他方、自殺を受けて海自は護衛艦乗員へのアンケートを実施し、暴行と自殺の関係は検証されなかったとの「結果」を公表した。遺族はこの調査結果の情報公開請求をしたが、海自は「アンケートは破棄した」として応じなかった。ところが、一二年六月、海自はこのアンケート結果が監察官室に保管されていたのが見つかったと発表した。調査を担当した監察官が〇五年に転勤し、後任は廃棄されたのだと思い込んで確認作業すらしなかったという。

このお粗末さは故意であった可能性もある。遺族が裁判を起こしたのと同じころ、自衛隊内で裁判対応をしていた三佐は、調査結果は破棄されていないと考え、防衛省内の公益通報窓口に伝えたが、「隠している事実はない」と一蹴されたようだ。三佐は国の裁判担当官に同記録の提出を勧めたが、「今さら出せない」と返され、情報公開請求もしたが、文書は「不存在」との回答が返ってきたという。

結局、一年近く悩んだ三佐は一二年四月、東京高裁に「国は嘘の説明をした」とする陳述書を提出した。この告発を受け、ようやく海自もアンケート結果の存在を認めた。

最近の報道では、今年一〇月、三佐とは別の事務官から東京高裁に陳述書が出された。事務官は職場で偶然、アンケート結果の原本を発見したが、上司から「あれは『ない書類』だ。あってはならない書類」だから、「捨てろ」と命じられたという。

同じ一〇月、内閣府の情報公開・個人情報保護審査会は、海自の「組織全体として不都合な事実を隠蔽しようとする傾向」を厳しく批判した。

特定秘密保護法の成立で心配されるのは、こうした記録秘匿がさらに蔓延《まんえん》していくことである。前例では三佐が勇気をもって陳述書を提出したから海自の実態が明るみに出たが、法律が施行されれば、こうした通報自体が不可能になっていく。

多くの異論がある中で、なぜ政権は同法成立を急いだか。直接の理由は、首相の答弁通り、「情報を厳しく管理することで海外から情報が提供される」と考えるからだろう。「海外」とは米国であり、米軍やCIAとの情報共有が実現した先で、日本版NSC（国家安全保障会議）に加えて日本版CIAを設置し、集団的自衛権の行使を認める法改正を進めて自衛隊を名実ともに米軍と一体で武力行使できる組織にしたいのだろう。

たしかに安倍政権が進めるNSCや秘密保護のモデルはすべて米国にある。その限りで現政権は、戦後を通じて自民党が進めてきた米国追従の政策を深化させているわけだ。だが、米国には日本よりはるかに強い基盤を持つ情報公開や記録管理の制度がある。これらの制度を強化せずに秘密保護だけを強化するなら、日本が近づくのは、米国よりも、戦後米国の軍事制度や機密管理を導入しながら独裁を維持したかつての韓国やフィリピンかもしれぬ。これは、安倍政権とて望む未来ではないだろう。

すでに法律が成立してしまった以上、廃止は容易ではない。むしろ野党や国民がこれから目指すべきは、情報公開制度と公文書管理制度の徹底強化である。これらの大幅強化で、多少とも国家機密強化とのバランスがとれる。情報公開と記録管理がどれほど重要で有効な制度であるかを、われわれはもっと認識すべきだ。

第二章
縮む「戦争」と「日常」の距離

2014年1月～12月

マレーシア航空機墜落現場（写真提供／タス＝共同）

展望なき米軍基地・辺野古移設問題

二〇一四年一月

沖縄の米軍基地は、戦後日本に突き刺さった最大の棘《とげ》である。私たちの精神は、この棘から滲《にじ》みだす毒で、少しずつ麻痺してきた。

昨月末、沖縄県の仲井真弘多《なかいまひろかず》知事は、政府が米軍普天間飛行場の名護市辺野古移設に向けて申請した沿岸部埋め立てを正式承認した。政権から二〇二一年度まで毎年三〇〇〇億円台の振興予算という人参《にんじん》をぶら下げられ、これに飛びついた形である。

沖縄県は、他にも普天間飛行場の五年以内運用停止、牧港補給地区の返還、日米地位協定改定、オスプレイの県外分散配備等の要望をしていたが、これらへの回答は曖昧だ。それでも知事が「いい正月になる」と満足げに申請を承認したのは、「有史以来」の巨額予算の力である。「毒」とは、要するに「お金の力」のことだ。毎年三〇〇〇億円の予算は巨額で、この保証があれば今後八年、沖縄経済は国から降ってくるお金で潤うことになる。そこから先は、次世代が考えてくれればいい、というのが知事の本音ではないか。

ここでは基地県沖縄や原発自治体で起きてきたのと同じことが繰り返されている。巨額の公共事業費が、戦後日本に深く刺さる日米の捻《ねじ》れた構造を隠蔽し、継続させていく。

何よりも、今回の決定で気が滅入《めい》るのは、一八年もの歳月が、何ら新しい展望を生まなかったためである。もともと辺野古沖合を利用した基地建設案が浮上したのは、一九九六年である。前年に起きた米兵による少女暴行事件に対し、沖縄県民の怒りが爆発し、基地縮小を求める集会が拡大する中で、日米両政府が市街地の真ん中にある普天間飛行場の移設を検討し始めた。

米軍からすれば、これを機に老朽化した普天間からより先端装備を調えた使い勝手のいい基地に移れれば悪い話ではない。しかし沖縄県民にとって、これは基地負担の固定化を含意する案で、容易に受け入れられるものではなかった。こうして辺野古住民は反対派と容認派で真二つに分裂し、長期化した争いで誰しも疲弊しきっていった。

話を一層ややこしくしたのは、二〇〇九年に誕生した民主党政権で、当時の鳩山由紀夫首相が「最低でも県外移設」との発言を、十分な見通しもなくしてしまったことだった。首相発言で沖縄県民の期待は膨らみ、それはやがて深い失望に変わった。

一連の経緯を振り返ると、二〇年近く、同じ構図が繰り返されてきたことに気づく。たとえば、一九九七年の名護市の住民投票で、基地移設「反対」の意見が過半数を上回った後、比嘉《ひが》鉄也市長は逆に建設容認を首相に伝えた。他方、大田昌秀知事が覚悟の上で建設反対を表明し、国の振興策が滞ると、県民は建設容認の稲嶺恵一知事を選んだ。つまり沖縄世論は普天間移設をめぐり、構造的に分裂してきたように見える。

一方で、国土の一パーセントに満たない沖縄県に全国の七五パーセントの米軍専用施設が集中する現状は異様である。沖縄の基地負担は少なくとも「本土並み」に軽減されるべきで、普天間返還が新たな県内基地建設を生むのは許しがたい半面、すでに「基地問題」を深くその経済に組み込んでしまった沖縄には、国の支援がシステムとして内部化されている。辺野古の問題は、国から最大限の支援を引き出す「人質」として戦略的に活用すべきだとの意見。

反対派は前者、容認派は後者の立場だが、沖縄の人々の心はどちらか片方には割り切れない。政治家は、後者の折衝を重ねて前者を貫くことも、前者を主張して後者を狙うこともある。この二重性が、沖縄の本土に対する政治を特徴づけてきた。

だから今回の知事承認で、辺野古問題が決着したとするのは早計だ。一九日に行われる名護市長選は移設問題が最大の争点となるが、ひょっとすると仲井真知事自身、根強い反対が県内で続くことが、沖縄の利益になると考えているかもしれない。

沖縄県民の政治は巧みだが、しかしなおその土地が理不尽なほど広大な基地に占有され続ける限り、投入される巨額振興予算を真に長期的な未来につないでいくことは難しい。

NHK会長発言と公共放送の使命

二〇一四年二月

印象的な写真だった。就任会見の失言で批判の渦が広がり、国会に招致されたNHKの籾井《もみい》勝人《かつと》会長は、民主党の原口一博氏の質問への答えに窮したのか、目をつぶり口を思いきりへの字に結んで上に顔を反らした。その脇の下から、後ろに控えた人物がメモを持った手を前に突き出しているが、気づいていない。

招致翌日、新聞紙面に載った写真である。先生にこっぴどく叱られた小学生の泣き顔ではない。世界有数の公共放送トップの答弁風景である。あまりの風格のなさに見る側が戸惑う。もしかしてこの人は、人々から自分がいかに見られるべきかという意識を欠いたまま、有力者に取り入り栄達を遂げたのではないか。写真の姿はそんな疑念を抱かせた。

騒ぎの発端は、会長就任記者会見での発言だった。従軍慰安婦は「どこの国にもあった」と公言し、韓国は「日本だけが強制連行したみたいなことを言っている」と批判した。首相の靖《やす》国《くに》参拝では、「昔の人は戦争に行くときに『死んで靖国に帰る』と送り出した」と言い、特定秘密保護法には、「通っちゃったんで、言ってもしょうがない」とした。さらに「政府が右と言っているものを左と言うわけにはいかない」と、公共放送の根幹を否定する発言に及んだ。

驚愕《きょうがく》の暴言である。しかも、これが公式会見での発言となれば、開いた口が塞がらない。

組織的強制連行による凌辱《りょうじょく》は「どこの国にもあった」のでは決してないし、「昔の人」は戦地に赴く兵士に、「国のために勇ましく戦ってこい」とは言っても、「死んで靖国に帰る」とは言わなかったはずだ。生還を心から願っていたに違いない。公共放送の理解にも疑問が残る。国会で原口氏に「右と左」の発言を突かれ、新会長は「右と左」を「赤と白」に置き換えてほしいと応じたが、この発言は意味不明である。異分野の巨大組織を担うのだから、普通は直前に猛勉強する。だが新会長の言動には、その痕跡が見られない。

さらに疑問なのは、記者会見の場で新会長が発言する言葉の効果を、本人がまるで自覚していなかった点だ。公式の記者会見での発言は、「個人的見解」とただし書きを付ければ免罪されるわけではない。当然、発言内容は国内外に報道され、ＮＨＫが今後どのような方向に進むのかが推し量られる指標となる。

すでに新会長の発言に海外メディアは敏感に反応し、アジアの新聞各紙で批判が拡大している。韓国外交部当局者は、籾井会長の「妄言」は、日本の政治指導者の歴史認識が「どれほど危険な水準に達しているか如実に示す」と語ったという。米国にも会長発言は衝撃を与えた。「ワシントン・ポスト」紙は、これを「歴史の破壊的否認」と呼び、米大使館の報道官は「とんでもない非常識」との一言。多くの海外メディアが、首相の靖国参拝、百田尚樹ＮＨＫ経営委員の「南京大虐殺はなかった」発言、新会長の記者会見を連続的な動きとして解釈し、伝統あるＮＨＫが政権のプロパガンダ機関となるのを心配している。

思い出されるのは、女性国際戦犯法廷をめぐるＮＨＫ番組が政治的圧力で改竄されたとされる十数年前の事件である。この圧力の背景に自民党政権中枢の関与があったのではないかと疑われた。当時のＮＨＫ会長は海老沢勝二氏で、一九九〇年代末以降、自民党政治家との親密な関係を基盤に独裁的権力を固めた。番組改竄が国際的に問題化した後、会長職を辞任している。今回の出来事は、当時の構図が過去のものとなってはいないことを気づかせた。海老沢会長下で育まれた自民党右派とＮＨＫの一部勢力との深い結びつきは今も消えていない。

衆院予算委員会に出席したＮＨＫの籾井勝人会長（写真提供／共同通信社）

他方、従軍慰安婦を国際的な議論の焦点に押し上げ、番組改竄を告発していった基盤も、国境を超えた人権活動家やグローバルな情報の結びつきだった。今回の騒動は、すでに九〇年代から起きていたことの戯画的な再演である。籾井会長の失言に気を取られ、この対立の基本構造が四半世紀近くにわたり続いていることを忘れてはならない。

3・11の記録を統合する記憶庫を

二〇一四年三月

あの日から、三年が過ぎた。この三年間、私たちは本当に恢復《かいふく》に向けて歩んできたのだろうか。たしかに三陸では農漁業が復活しつつあり、人手不足が深刻という。壊滅状態から、わずか数年で復活してくる地域の底力はしぶとい。

だが、生活全体を見るならば、住宅の高台移転は遅々として進まず、震災関連死は三〇〇〇人を超えた。七割以上の人が「震災復興は進んでいない」と考えており、巨大防潮堤建設は、土建業者を太らせるばかりで三陸海岸の風景を台無しにしそうだ。

原発事故被災地はもっと深刻だ。原発周辺では大量の汚染水が溜まり続け、土中や海にも漏れ出しているらしい。除染に莫大な予算が投下され続け、取り除かれた土の行方も不確かだ。これほどの被害を出したのに、政府は再び原発推進に向かいつつある。

放射能汚染された水や土壌は、原子力の「毒」とも呼べる。今回の事故で、原子力が夢よりもはるかに大きな毒を生むことが明白になった。アベノミクスは、この引き続く震災・放射能汚染の悲惨から目を背けて浮かれ騒ぐバブルであり、浮かれているのはわれわれ自身だ。各種調査で全国の七割以上の人が震災への社会の関心が弱まってきたと答える。新聞は惨事の記憶を風化させるなと訴えるが、訴えだけでは不十分だ。

実はよく似た風化が、一九九〇年代、チェルノブイリ原発事故の後にも起きていた。旧ソ連、まさに現在、紛争渦中のウクライナで最悪の原発事故が起きたのは八六年四月二六日。この事故で大量に被曝したのは、消火・除染活動に従事した兵士や消防士、周辺住民約六〇万人とされる。その影響は今日も消えていない。

九〇年にキエフでは、原発停止と被災者救済を求めて一〇万人がデモをしたが、翌々年までに運動は勢いを失う。そしてソ連は九一年に崩壊、その後の経済危機の中で、人々は自分の明日の生活に関心を集中させるようになり、事故被害への関心は急速に低下していった。

チェルノブイリ事故後、ヨーロッパのエネルギー政策は大きく転換した。とりわけドイツは脱原発に向けて政策的舵《かじ》を切り、新規原発建設の禁止、原発一基の稼働期間を平均三二年とする段階的廃止の方針が打ち出された。だが日本では、「事故はソ連の炉だから起きた」と日ソの技術の差が強調され続け、原発自体の根本的リスクが自問されなかった。

やがて、二〇〇〇年にチェルノブイリ原発が完全閉鎖されると事故への国際的関心も薄まり、他方で地球温暖化問題や原油高騰の中で原発技術が再評価され始めた。福島原発の事故が起きるまで、世界はチェルノブイリを忘れ、原発に回帰する動きを見せていた。

災害は忘れた頃に来る。福島の事故後の議論には、チェルノブイリの際にもあったが忘れられていたものが多い。九〇年代、ある新聞投書は、「チェルノブイリ原発事故のような大事故が日本で起きたら行政はどう対応するのか。事故は確率的にゼロでなければ、いつか起きる」（「朝日新聞」一九九九年一一月一一日）と書いていた。

歴史は繰り返すのである。なぜなら歴史は、一般に考えられているよりもずっと構造的に成り立っている。大震災も原発事故も、何らかの類似の出来事がいずれ忘れた頃にまた起きるだろう。私たちが今回の経験を風化させてならないのは、過去の自分を見失わないためでもあるが、この記憶が未来へのかけがえのない資産となり得るからだ。

それには何よりも、震災・原発事故の記録を統合する記憶庫を創設していかなければならない。世界規模の災害アーカイブと言ってもいい。東日本大震災の特徴は、それが高度に発達したネット社会で起きたことだった。だから震災関連の膨大な情報が、今もデジタル形式で各所に眠る。ネットやマスコミ、自治体、消防や自衛隊、東京電力まで、広く記録を蓄積し、統合的に保存・公開していくことが、三年前の経験の風化を防ぐ最善の方法である。

世界規模の災害アーカイブ……東日本大震災の記録のアーカイブ化は、国立国会図書館の「ひなぎく」、東北大学の「みちのく震録伝」、ハーバード大学の「日本災害アーカイブ」等、各方面で進められてきたが、それら全体を持続的に統合する仕組みは整ってはいない。

STAP細胞事件と情報の海

二〇一四年四月

今年一月末、小保方晴子は洪水のようなマスコミ報道により新時代の英雄として私たちの前に登場した。理化学研究所（理研）での会見が一月二八日、英科学誌「ネイチャー」への論文掲載が三〇日、二つの権威に支えられ、怒濤のSTAP細胞報道が始まった。

たしかに「発見」は、内容も発見者もニュース性に満ちていた。まず作製の簡易さがあった。強い刺激を与えることで細胞が自ら「初期化」するとの主張は新鮮で、言われてみれば素人にも腑《ふ》に落ちる説得力があった。報道の第一波を特徴づけたのは、この簡易さへの注目だった。「液に浸して二五分」「iPSより作製簡単」「ノーベル賞級の快挙」などの見出しが躍る。

しかし、さらに大量の報道が発見者の小保方氏に向けられた。若く、女性で、異分野出身でハーバード留学、カラフルな壁紙からお気に入りのかっぽう着まで、メディアが注目したいすべての要素が揃っていた。結果、「リケジョ（理系女子）」「負けず嫌い」「常識を突破する若い力」といった形容と並び、かっぽう着の解説に大きな紙面が割かれていった。

約一カ月後、報道は一変する。発表論文の画像に不自然な点があるとの投稿がネット上にあり、理研の調査が始まる。やがて、以前の博士論文の別条件での実験画像の転用や画像加工、他論文からの記述複写といった研究の根幹に関わる疑念が露呈していった。

加えて、小保方氏が早稲田大学に提出した博士論文にも、米国立衛生研究所のサイトの文章とほぼ同じ部分があったことが発覚。学位の信頼性にも疑念が持たれていった。

理研は三月半ば、論文に「重大な過誤」があったことを認め、野依《のより》良治理事長は小保方氏に「極めてずさんなデータの取り扱い」があったと突き放した。さらに早くも四月一日、小保方氏の論文に画像の「捏造」と「改竄」があったと最終報告を発表した。

この結論に、小保方氏は過誤が「悪意のない間違い」でSTAP細胞は実在すると反発、不服申し立てとともに今月九日の記者会見となった。この間、主要紙には同氏が論文撤回に同意したとか、博士論文取り下げの意向といった記事も掲げられたが、小保方氏はいずれも否定している。

一体何が起きているのか。学術的な立場からすれば、研究は手続きが問題であり、結果の真偽は手続きに依存する。しかし一般人に手続きの話は難しすぎる。知りたいのは結果である。新細胞は「事実」としてあるのかないのかに関心が向かう。理研の調査報告は科学の「手続き」という観点から「不正」を結論し、小保方氏の反論は、「意図」と「結果」に重点を置く。

本来、報道には両者を適切な距離感で媒介する責任がある。だがこの二カ月、報道がそうした責任を果たしてきたとは言い難い。メディアは前半で小保方氏を無批判に称賛し、大々的な報道を重ね、後半では理研の調査結果をなぞるように解説してきた。

今回、STAP細胞論文を丁寧に検証したのは、理研でも「ネイチャー」誌でも科学記者でもなく、ネット上の匿名のボランティアたちだった。

他方、問題となった画像の転用や加工も、膨大に流通するデジタル情報の海で起きたことである。小保方氏は会見で、数百枚の実験写真があると語った。それほどに画像を撮影、保存、加工することは容易である。情報技術はすでに私たちの知識の根底を変えている。

二〇年前、アラン・ソーカルは学術誌にでたらめな論文を投稿し、その掲載後にでたらめさを明かして学問的権威を疑問に付すという悪意ある実験を行った。いわゆるソーカル事件である。だが九〇年代末以降に起きたのは、「悪意」などまるでなくても、「捏造」や「改竄」、「盗用」が容易に生じてしまう技術的環境の地球規模での拡張である。今回の事件を、こうした環境変化やそれに対応する体制が未整備であることを問わないまま、個人の未熟さだけに帰すことには疑問が残る。

STAP細胞事件……体細胞に刺激を加えることで、受精卵のときのようなあらゆる細胞に分化する能力を獲得した細胞（STAP細胞）を作製できたとして、英国の科学雑誌「ネイチャー」に論文が掲載された。しかしその後、次々に研究不正が発覚し、論文は撤回された。

米大統領訪日と東アジア外交

二〇一四年五月

オバマ米大統領は来日するや安倍晋三首相と銀座で寿司《すし》を食べ、風のように去っていった。国賓の来訪に首都の警戒は厳重だったが、滞在が短く共同声明も俄仕立てで、環太平洋連携協定（TPP）交渉妥結もできず、来日の印象は薄かった。海外出張やネット上の国際会議が日常化した今日、米大統領来日の印象も昔と違う。

歴代米大統領で最初に来日したのは、一九七四年のフォードである。ベトナム戦争、オイルショックと米国が弱っていた頃の大統領だ。逆に言えば、それまで米大統領は来日していない。来日する必要がなかったとも言えるし、日本側の反対運動が大きかったのも一因だった。しかし、七四年以降はすべての大統領が在任中に日本を訪問している。

そうした中でも、クリントン大統領の五回の訪問回数は際立っている。そして、九六年四月の来日は、戦後日米関係の重要な転換点となった。時の首相は橋本龍太郎。首脳会談では日米安保適用の地理範囲拡大と防衛協力指針の見直しが話し合われた。これが、その後のイラク戦争や集団的自衛権の議論につながっていく。

その直前、沖縄の普天間飛行場の全面返還が発表され、名護市辺野古沖移設をめぐるその後の騒動が生じていく。さらにこの会談と前後して、完全自由化に向けた米国の戦略の中で日本の「輸入障壁」への指摘が膨らみ、農産物だけでなく著作隣接権や通信サービス等の項目が加えられていった。これも今日のTPPにつながる争点である。

今回のオバマ訪日で争点の安保もTPPも、基本構図は二〇年前と変わっていない。一方には日米安保の適用対象拡大、他方には包括的な貿易完全自由化がテーマだ。しかし、日米安保には根本的に米軍基地の問題、とりわけ沖縄問題が棘のように刺さっている。

この争点の連続性には理由がある。軍事面では、東アジアのジレンマは、米軍基地、日本のナショナリズム、中国の拡張主義の三者のゼロサムゲームに近い。米軍基地の大幅縮小は、日本のナショナリズムへの懸念や、それ以上に中国の拡張主義を抑止できないという心配を生む。安倍首相の靖国参拝が米中韓から総スカンをくらったように、日本のナショナリズムは中韓にとってはおぞましき記憶と結びつき、米国にとっても否定的な意味しか持たない。中国の拡張主義は、日米と東南アジア諸国連合（ASEAN）共通の懸念である。この構造が続く限り、東アジアの米軍基地は減らないし、日米と中国の軍事的緊張は続く。

他方、経済面では米国と日本の間に緊張がある。米国からすれば、貿易の包括的な自由化は普遍主義的理念の実現となるが、そもそも農業や文化には普遍主義に還元すべきではない次元がある。農業は風土や生活の持続可能性と結びつき、文化や人づくりでもそれぞれの地域が固有の価値を維持することが重要だ。TPPの行方は、単なる経済問題という以上の深刻な打撃を地域や文化の未来に与えるかもしれない。

二〇年に及ぶ構造的膠着《こうちゃく》のなかで、日本は何度も米国にすり寄ってきた。だが、極東の軍事的袋小路と日米の経済的緊張で抜け落ちがちなのは、アジア経済圏への確固たるビジョンである。安倍首相がいかに嫌っても、二一世紀の東アジアは中国中心の広大な経済圏となる。

池田勇人《はやと》、田中角栄、大平正芳といった政治家たちは日中関係の重要性を忘れなかった。石橋湛山《たんざん》は、将来の日本で日中関係が決定的に重要との認識から、首相退任後にいち早く訪中し、日中国交回復へ道を開いた。石橋にあったこの展望を岸信介政権は封じ、米国一辺倒、反中国的方向に転じた。歴史は繰り返す。安倍政権はこの点で祖父の政権と似ている。

米国に従属しつつ経済的な不利益を回避するだけでは未来への展望がない。二一世紀初頭、確実に世界は変化している。今、私たちがすべきなのは、全力で中国と話し、真摯に韓国と結び、東アジアの歴史の中にこそ自らの立場を築き直していくことだ。

「集団的自衛権」という言葉の怪

二〇一四年六月

「集団的自衛権」という言葉には、どうもうさんくささがつきまとう。「自衛」とは、自分が他人から脅かされたとき、最後におのれの身を守るために戦うことだから、根本的に「集団的」ではあり得ないのではないか。クラスにいじめっ子集団がいて、その連中にいじめられたとき、自衛のために戦うのは正義である。だが、そうやって徒党を組む集団自体が、いじめは「自衛」行為だと主張したら、それは嘘だと誰もが思う。

それなら、「集団的安全保障」と言い換えてはと言う人もいるかもしれない。ところが集団的安全保障なら、まずその「集団」の構成員が明示されるべきである。国連は、地球規模の安全保障を担う集団だが、その安全保障は成員間の相互監視に力点がある。

そもそも、争点の「自衛権」を担う「集団」は、いったい誰から成るのか。安倍首相は、日本と米国と言いたそうだが、自衛すべき「自分」に米国が入るのなら、日本はすでに半分米国なのか。そもそも米国は、日本と同じ自衛集団の一員と自分を認めるのか。

こんなうさんくさい言葉、現政権が日中関係の緊張を背景に捏造したのではないかと疑う向きもあるかもしれないが、さにあらず、実は結構歴史は長いのである。

もともと「集団的自衛権」が最初に登場したのは一九四五年、国連憲章第五一条である。国連はそれ自体、集団的安全保障の機構だが、ヤルタ会談で常任理事国が拒否権を持つことになり、しかも東西冷戦も顕著になるなか、拒否権が壁となって集団的安保が機能しない事態が予見された。これに危機感を抱いた国々は、侵入する「敵」を、事前手続きなしに集団的に攻撃できる「自衛権」の概念を創造していった。

だからこの権利は、国連の安全保障が機能するまでの暫定措置とも考えられていた。それは国連の制度的限界を補完する保険として中南米や米国が合作したものだった。

日本では、この概念は日米安保と平和憲法のずれを補完する修辞として機能してきた。すでに五四年、吉田内閣は米国が提案するMSA（日米相互防衛援助）協定にしぶしぶ調印するが、野党からはMSAが内包する集団的自衛権はつまり「他衛権」で、必然的に他国との交戦権を含むから憲法違反だと批判されていた。政府は、日本は相互防衛的でない集団的自衛権だけを保有するのだとの苦しい答弁で逃げている。

やがて、六〇年の安保改定で再びこの概念が争点化する。岸首相はそこで、日本は集団的自衛権を観念上は持つが事実上は行使できないと答弁していた。この概念には友好国が侵略された際に防衛出動する意味と、基地提供で支援する意味の両方があり、日米安保は後者の集団的自衛権のみを含むとの言い逃れだった。

さらに六〇年代、日本政府はベトナム戦争も米国の「集団的自衛権」の行使という見解をとったから、事実上、米国の戦争はすべて「自衛」のための権利行使となった。いじめっ子集団のいじめも「自衛」行為と言い得るのである。

「集団的自衛権」の歴史は、概念の根本的な曖昧さが用法の融通無碍《ゆうずうむげ》さにつながり、都合に応じて変化を重ねてきた歴史である。そもそも「国連」と「冷戦」の構造的矛盾をとり繕う方便として発明された概念だったが、政府は方便に方便を重ねてきた。その間、この概念のうさんくささは増幅されてきたように見える。そして八〇年代、中曽根内閣は海外派兵に踏み込む「自衛権」行使を模索し始める。その後の紆余曲折《うよきょくせつ》を経て、今日の論議では、「自衛権」拡張がついに交戦容認にまでなりつつあるわけだ。憲法の平和主義はすでに風前の灯《ともしび》である。

しかし、そもそも「自衛」は自己中心的な概念である。理不尽な攻撃から身を守る瀬戸際には有効だが、他者との安定した関係を築くのは「自衛」ではない。相互の理解と信頼、多極的な安全保障こそが、「自衛」を超えた世界を可能にするのである。「自衛」の言葉に気を許していると、気づけばとんでもない状況に自らを追いやっていたということになりかねない。

ヤジを飛ばして半世紀　ムラ社会の「非常識」

二〇一四年七月

六月一八日、都議会で出産・子育て支援を取り上げたみんなの党の塩村文夏都議の質問中、「早く結婚した方がいいんじゃないか」「自分が産んでから」「がんばれよ」といった差別的なヤジが自民党系男性議員たちから続けざまに飛んだことがネットや海外メディアで「性差別的な人権侵害」として問題化し、世論を巻き込んで波紋を広げていった。

この問題は、一般に思われているよりも根が深い。性差別的なヤジの連発は、自民党にそうしたヤジを「連係プレー」で発する組織文化が長く保持されてきた結果である。実際、この問題が生じる約二カ月前にも、衆議院で日本維新の会の上西小百合議員が質問中、自民党の大西英男議員が、「早く結婚して子どもを産まないとダメだぞ」とヤジを飛ばしていた。オヤジ議員たちはいつも同じヤジを飛ばす。それらは心ないばかりでなく、個性もない。

こうしたヤジを、保守系の議員たちは半世紀以上も飛ばし続けてきたかのようだ。一九五三年八月、衆議院では右派社会党の堤ツルヨ議員に対し、自由党の有田二郎議員が「パン助だまれ」とヤジって議場が騒然となったことがあった。堤議員は、「ヤジもカンのええ、胸のすくようなものは一つもあらへん。ある自民党議員は『三味線の合いの手やさかい、かんべんしてくれ』いう」と語っていたという。

自民党議員のヤジはしばしば土井たか子元社会党党首に対しても向けられた。八九年、ある傍聴者は「野党党首の質問に対する自民党席からの罵声とヤジの品のなさ、それに人の話を聴こうとしない、民主主義に反する議員諸氏の態度」に驚いていた。土井氏へのヤジは彼女が衆議院議長になっても続き、自民党の野田聖子議員からも、「首相指名のときに土井議長に浴びせたヤジは、子供には聞かせられない下品なものだった」と批判が発せられていた。

やがて女性議員の増加とともに、オヤジ議員の品のないヤジが問題となる頻度は増えていく。九九年、参議院で民主党・新緑風会の円《まどか》より子議員が質問中、自民党議員からの「あんたも離婚してるじゃないか」というヤジに女性議員が激しく反発する騒ぎがあった。

驚くのは、もう半世紀もこの種のヤジ問題が続いているのに、議員たちが過去から学習していないことである。この学習能力の欠如は、単に議員の怠慢に由来するだけなのか。むしろオヤジ議員が得意とする議場でのヤジ文化は、地元での選挙や談合の文化と地続きなのではないだろうか。議会が論理的な対話の場となるのを嫌い、ヤジを「三味線の合いの手」として入れていく、時には議場でもみ合いをする、そんなムラ祭り的な場の感覚が、オヤジ議員たちには保持され続けている。そこでは容易に「公共」の世界と「親密」の世界が混同されていく。

半世紀以上も続き、九〇年代以降は頻繁に問題化してきたオヤジ議員たちによるヤジの「連係プレー」が、今回当人たちの想像を超えるスピードで波紋を広げていった最大の要因は、もちろんネット文化である。当初、大手全国紙が鈍い反応しかしなかった中で、情報はブログやフェイスブックで取り上げられ、ヤジ発言者への批判が広がっていった。

　これに国際メディアの報道が追い打ちをかけた。CNN、「ガーディアン」紙などが次々にこの問題を取り上げ、日本のメディアも追随した。外国特派員協会でも塩村都議を招いた会見が開かれ、日本政治の「常識」は世界の「非常識」であることがあらためて浮き彫りになる。海外メディアの特派員は、自国の議会ならば、「性差別的な発言をすれば、議員のキャリアは完全に終わり。同じ党の議員がすぐに発言者を公にし、メディアが厳しく非難するだろう」と語っていた。

　権力の大きさと弱者への敏感さは反比例しがちである。そうした意味で、都議会自民党の男性政治家たちは、ここ十数年のジェンダー意識の激変に最も鈍感であり続けられた人々なのだろう。都議会でのヤジ問題は、それが問題化したスピードと広がりにおいて、そんな鈍感さがもう通用しなくなりつつあることを示す好例である。日本型の男性ムラ社会は、ここでもネットを通じてグローバル・スタンダードの挑戦を受けているのである。

マレーシア機撃墜「戦争」と「日常」の間は数十秒

二〇一四年八月

先月一七日、二九八人を乗せたマレーシア航空機がウクライナ東部上空で撃墜された事件は、不条理な痛ましさを超え、単なる「誤射」では済まない問題を孕《はら》んでいる。

墜落直後に傍受したとされる親ロ派武装集団の会話では、誤射と知り、「最悪だ。ほぼ一〇〇パーセント民間機だ」「なぜウクライナの上を飛んでいるんだ。いまは戦争中だ」というやりとりがあったらしい。武装集団からすれば、ウクライナ東部は戦場であり、自分たちの視界に入ってくる未確認物体は「敵」でしかありえない。

しかし、撃墜事件が起きたのとほぼ同時刻、同じ上空には、シンガポール航空機やエア・インディア機も飛んでいた。欧州と東南アジアを結ぶ路線は、ウクライナ上空を通ると最短距離になる。飛行時間と燃料代を浮かせたい航空各社は、毎日約三五〇機の便を通過させていた。ウクライナ政府軍と親ロ派が殺し合う上空を、単純計算で五分に一機以上の頻度で各国の旅客機が行き来していたのだ。

地上の「戦争」と上空の「日常」を隔てるのは、一万メートルの距離だった。しかし、撃墜に使われたとされるロシアの地対空ミサイルの時速は四五〇〇キロと言われ、ものの数十秒でこの一万メートルを超えてしまう。つまり「戦争」と「日常」の間には、わずか数十秒の距離しか存在しなかったのだ。この認識が、国際民間航空機関（ICAO）にあったのだろうか。少なくとも同機関は、事件の起きたルートを飛行禁止にしていなかった。

たしかに冷戦末期、民間機が撃墜される事件は何度か起きていた。記憶に残るのは、一九八三年に大韓航空機が旧ソ連の戦闘機に撃墜された事件だろう。八八年には、イランの旅客機が米軍のミサイル誤射で撃墜された。いずれも正規軍による撃墜で、今回とは構図が異なる。

その後、航空路線の拡大やフライト増加により、「戦争」と「日常」が接触するリスクは加速度的に大きくなった。武器も高性能化したから、上空と地上の距離は昔よりずっと近づいている。一万メートルの距離が意味を失うなら、世界を覆う航空路線の安全性のため、その下で戦争などしていられない社会が来るかもしれない。だがこの予測は楽観的すぎ、今はイラクやパレスチナ、それにウクライナ東部を見ても紛争地域は拡大している。

縮まったのは物理的距離ばかりではない。情報で世界はすでに統合されている。今回、スノーデン事件で問題となった世界各地の通信網に流れるデータの大規模解析が大きな戦略的役割を果たすことが証明された。米国はいち早く、事件がロシアから供与されたミサイルの誤射によると非難したが、その根拠は親ロ派が発信していたSNSなどの解析結果であった。

実際、親ロ派は、マレーシア機撃墜が報道される以前、ロシア語サイトにウクライナ軍輸送機を撃墜したとのコメントを投稿していた。「ドネツク人民共和国」幹部は、ロシア最大のS

NSに、「たった今、アントノフ二六型機を撃墜した」と書き込んでいた。米国国防情報局は、世界中の莫大なネット情報を収集し、解析している。今回も、親ロ派の動きの情報は、撃墜から数分でSNSなどから集められた。SNSは双方向なので当事者は内輪の会話と感じているが、実は半ばオープンで、米国の監視網により地球規模で瞬時に解析されている。

つまり、一連の事実から垣間見えるのは、ローカルな仲間の間の実感とグローバルな情報秩序の衝撃的な接触である。ウクライナの「戦争」は、航空業界からすれば飛行路よりはるか下空の出来事のはずだった。他方、親ロ派からすれば、SNSの投稿は陣営内の連絡のつもりだった。だが、どちらの境界線もすでに突破されている。

私たちが生きるのは、高度な軍事技術が時には非正規ルートで流出し、私的な情報まで監視される世界である。この世界で、日本は今更ながら「戦争をできる国」になろうとするが、生じつつあるのは武器流出と大規模な情報解析のイタチごっこかもしれぬ。戦後七〇年に向かうこの国で、あらためて戦争と日常の関係変容を問う必要がある。

一〇〇年の時間軸で考える「地方創生」

二〇一四年九月

「地方創生」が政策課題として急浮上している。内閣改造で石破茂前自民党幹事長が地方創生担当相となり、まち・ひと・しごと創生本部が発足した。背後に、地方が景気回復を実感できることが、来春の統一地方選に向けて有効な一手だと考える政権の思惑が垣間見える。アベノミクスも東京五輪も首都偏重で、地方はどうなるという不満がくすぶってきた。地方重視の政策を示して地方選に勝てば、秋の自民党総裁選での安倍再選は確実となり、長期政権への基盤が整えられよう。

しかし、「地方創生」にはこうした政権の思惑を超え、数百年に及ぶ時間軸も包含されている。現政権が「地方創生」を押し出す決め手となったのは、日本創成会議で増田寛也元総務相が中心になってまとめた「増田リポート」である。急激な人口減で二〇四〇年までに維持困難になるかもしれない八九六の「消滅可能性」市区町村のリストが公表され、衝撃を与えた。

ちなみに「消滅可能性」という言葉が波紋を広げたが、リポートを読めば、この言葉が「持続可能性＝サステナビリティ」の反対語であるのがわかる。つまり、問われたのは地域の「持続可能性」で、人口の再生産力がある閾値《いきち》を下回ると、それが不可逆的に失われるのだ。

確かに、すでに一九八〇年代から、存続不能な町村が地方に出始めていた。メディアは何度も農山村の後継者不足や若者の結婚難、耕地の荒廃を話題にしていた。道路建設が地域の持続可能性につながらないことも、少子化が日本の人口を半減させかねないこともわかっていた。それから二五年以上、流れを誰も変えられなかった。国の無策を批判するのは簡単だ。だが、私たち自身の多くが人口減を自らの問題と受けとめてこなかったことも、「失われた二五年」の一因である。この問題には、個人、地域、企業、国の諸レベルの困難が輻輳《ふくそう》している。

今回、国立社会保障・人口問題研究所（社人研）の人口データに基づいて各地域の「持続不可能性」が予測され、それが大きな政治効果を持ったことは、データ・アドボカシー（データに基づく政策提言）への道を示唆している。日本では理工系や医学系の研究機関に莫大な予算が投下される一方、社会科学系調査機関の充実は後回しにされてきた。だが、膨大な社会調査データを政策提言に役立てていく可能性は、情報化の進展とともに急拡大している。

増田らは、社人研のデータを基に政策の前提となるいくつかの知見を示している。まず、人口対策とその実質的な効果の間には四半世紀以上の時差がある。だから今すぐに対策を講じても、結果が出るのは四半世紀以上後になる。逆に、二五年後の危機を回避するには、現時点で対策を講じないと手遅れになる。そして、対策が功を奏しても、日本の人口が安定するのは二一〇〇年ごろである。二二世紀の日本が人口九〇〇〇万人台の国に落ち着くか、それを大きく割り込んで荒廃が進むかが、現在の対策で決まってくる。

他方、人口動向で見ると東京圏は「巨大なブラックホール」である。全国の三割近い人口を吸収しながら、生活費や子育て環境の悪さから出生率が低い。東京は、全国から若者を吸収しつつ子を産まないのである。日本の人口は、この世代構造と地域構造が結合して減少し続ける。その結果、全国の市区町村の半数近くが持続不可能になりつつあるわけだ。

人口学的知見によれば、地球の人口も、二一〇〇年ごろには約一〇〇億で定常化するとされている。多産多死から多産少死に変化した二〇世紀は、人類の人口爆発時代であったが、爆発はやがて終わる。この一〇〇億の地球で、日本の人口が占めるのは約一パーセントだ。二二世紀、この一パーセントの人々は、列島にどう分散・集住し、どんな生活を送るのか。

「地方創生」が内包するのは、そうした一〇〇年後の未来という時間軸であるはずだ。東京は今、六年後の五輪開催に沸く。だが、半世紀前の五輪後に生じたのは巨大な人口の東京集中だった。もし同じ流れが再び生じるなら、地方は創生どころか完全に消滅する。そんな未来を回避するために、地方と東京を同時に質的に転換させていく必要がある。

増田リポート……増田寛也を座長とする「日本創成会議」が二〇一四年五月に公表した報告書。二〇一〇年から二〇四〇年までの間に二〇~三九歳の女性人口が半減する市区町村を、「消滅可能性」があるとした。

東京五輪の「レガシー」とは何か

二〇一四年一〇月

一九六四年の東京五輪は、一〇月一〇日に開会式があり、二四日の閉会式で幕を閉じた。ちょうど半世紀前の出来事である。六年後に開催される二度目の東京五輪を睨《にら》み、この六四年の大会が回顧されている。

たしかに半世紀前、日本人全体が、バレーボールの「東洋の魔女」からマラソンの「円谷《つぶらや》」まで、二週間のドラマに熱狂した。当時、小学校一年生だった私自身、国を超えて選手が入り乱れる閉会式に感動したのを記憶している。

だが、熱狂には落とし穴がある。人は熱狂の中で、かけがえのないものを失いがちである。六四年の東京五輪で、私たちが失ったものは何か。

五輪開催を控えた東京にとっての難題は交通問題だった。東京は激増する自動車交通に対応できず、ひどい渋滞に悩んでいた。訪日する選手団や外国人観光客のため、羽田空港と競技場をつなぐ交通の高速化は最重要課題だった。こうして羽田から湾岸を経て都心へ、さらに初台に抜ける首都高速道路が最優先で建設された。国道２４６号と環状７号の整備も進んだ。

当時、強調されたのは、自動車社会への対応であった。オリンピックがスピードの争いなのと同様、開催都市は高速道や高速鉄道で縦横に結ばれなければならない。新聞は「ジェット機で羽田空港に降り立ったオリンピック選手団が一四分後には銀座に姿を現す。郊外から都心にのびる八本のハイウエーには四列に並んだ自動車が時速六〇キロのノン・ストップで突っ走る」未来像を称揚した。そのために、路面電車を廃絶し、歩道を縮小し、都心の新築ビルの一階は駐車場にすべきだと真面目に主張されていた。車がハイスピードで行き来できる都市こそ「理想の都市」とされたのである。だから運河や川の上には高速道路が建設され、鉄道も高架となった。東京五輪は東京の交通網の高架化を決定づけた。その結果、日本橋など多くの江戸以来の景観が破壊され、古い町は分断された。

他に方法はなかったのだろうか。民有地では土地収用に多大な時間がかかる。道路建設を五輪開催に間に合わせるには川の上を通すしかなかったと行政は説明してきた。しかし、五輪開催までに完成したのは一部の路線にすぎない。都心でも、当初は日本橋や外堀の河床の下に道路を通す案もあった。社会学者の磯村英一は、都心に高架の鉄道や道路が入るのを批判し、皇居周囲の道路の地下化で皇居前広場を広大な憩いの公園にしようと提案していた。

高架化・高速化する東京に対応し、大規模再開発が続いたのが西新宿や代々木から六本木、新橋や品川までの地域であった。最近も地下を幹線道路が通る虎ノ門ヒルズが竣《しゅんこう》工したばかりである。六四年の東京五輪は、東京の重心を、日本橋・神田以北から六本木や新宿・代々木などに南下させたのだ。五輪で整備された道路や地下鉄は、この南下にプラスに作用した。

他方、五輪以降は周縁化されていく都心北部は、かつて細い道が縦横に広がる「歩ける」町々として、東京文化のエッセンスを担っていた。若き森鷗外は、本郷から上野、湯島、秋葉原や神保町までをほぼ毎日のように散歩していた。鷗外が歩いていたこれらの地域は、学術、文芸、宗教などさまざまな面で江戸の遺産を東京につなぐ基盤だった。

二〇二〇年、東京五輪のテーマは「レガシー＝継承」だという。このテーマはおのずから過去半世紀、六四年の五輪の頃から東京が歩んできた道への反省を迫る。高速化、大規模化する東京の先にあるのは巨大な荒廃かもしれない。国全体が人口減少に悩む中で、東京だけがメガ級のオリンピック都市となることに、私たちはもう希望を持てない。甘い未来予測で巨大施設を建てるのは、次世代に負いきれない負債を残すだろう。

「東洋の魔女」や「円谷《つぶらや》」がいかに感動的であったとしても、一九六四年をモデルに次の五輪を考えることは止めにしたい。六年後の東京五輪に求められるのは、半世紀前とはまったく異なる都市の価値を発見し直すことなのだ。それはまた、一極集中に帰結しない東京の価値を創造していくことにもなるはずである。

都心北部と都心東北部……都心北部とは、神田から本郷・上野に向けての尾根伝いの地域を指す。これに対し、日本橋から両国・浅草に向けて隅田川沿いに広がる地域は都心東北部と呼べ、この二つの筋が、江戸から明治・大正までの東京文化の中核をなしてきた。

中東に浮上する新たな虚構

二〇一四年一一月

米国中間選挙での民主党の完敗。原因は、オバマ政権の経済、外交政策にあるとされる。外交では「イスラム国」の台頭を許したことが響いたようだ。選挙中、共和党は大統領の中東政策が優柔不断で、米国民の安全が脅かされていると説いた。かつて圧倒的な人気を誇ったオバマ大統領はレームダック（死に体）化するとも囁《ささや》かれる。

しかし、困難な中東情勢は、本当にオバマの失策なのだろうか。彼は中東に深く関与しすぎないよう動いてきたが、それが失敗なら、米国はもっと深く、強硬に関与すべきだったのか。たしかにイスラム国から伝わってくる情報は、どれもおぞましい。油田を強奪、原油を横流しして資金を稼ぎ、敵地の住民の誘拐や虐殺を重ね、古代の文化財を破壊しているとされ、奴隷制の復活を宣言し、欧米人の人質を殺害する様子をネット配信した。

そのあまりの残忍さに欧米社会は驚愕し、米英はすでにイスラム国支配地域への空爆を展開してきた。それでもイスラム国は、シリア内戦の経験で獲得したゲリラ戦の能力を武器にイラク軍に対する優位を保ち続けている。問題は、おぞましき暴力主義が、なぜここまで勢力を伸ばすに至ったのかという点である。いったい何が、イスラム国を生んだのか。

一方、オバマ政権はシリア内戦で過激派に武器が渡るのを懸念し、反体制派への軍事支援を控えたため、イスラム国の台頭を招いたとされる。他方、米国や産油国がシリアのアサド政権と戦う反政府勢力を支援したため、そこに潜んでいたイスラム過激派が力をつけたともされる。どちらにも一理あるが、たとえ控えめでも、米国や中東の親米的な国々が、シリアの抑圧的な政権を倒すためにしたことが、結果的にイスラム国のような鬼子を産んでいくことになったと考えられている。イスラム国の製造主は、中東社会のみならず、これに外から関与してきた米国や産油国でもある。

この過程は、旧ソ連のアフガニスタン侵攻に対抗するため、この地域の抵抗勢力を米国が支援し、やがてタリバン専制を招いた過程や、イランのイスラム原理主義を抑えるためにイラクのフセイン政権を米国が支援し、やがて同政権の増長を生んでいった過程に似ている。

米国の勧善懲悪主義は、オバマ政権以前から、中東の複雑な政治状況を扱うことに失敗してきた。オバマの「失策」は、彼以前から続いてきた悪循環を、彼も断ち切れなかったことを示すにすぎない。しかもこの失敗は、二一世紀に入り、新たな局面を迎えていく。すなわち、9・11の同時多発テロが示したように、米国の中東における政策的失敗は、米国本体でのテロに撥《は》ね返ってくることとなった。

それをもたらしたのは、ネットをはじめとする新しい情報環境とグローバル化の進展であった。情報が同時的に地球を覆い、国境がたやすく越えられていくなかで、中東の反米主義は、米国の心臓部を急襲した。同じことが今後、イスラム国が欧米の軍事戦略により追い詰められていく中で生じていくかもしれない。

この文脈で注目すべきは、数年前、「アラブの春」を導いたネット・メディアが、今回は全世界の若者を勧誘する手段に反転していることである。イスラム国は、ネット上に残酷な映像や過激なメッセージを並べて若者を誘惑する。すでに八〇カ国以上から一万五〇〇〇人以上がイスラム国に渡ったとされるが、その多くがネット経由でメッセージのやりとりをしていた。この手法は、かつてのオウム真理教を思い出させる。彼らは高度に情報化した暴力組織なのだ。

現在、中東で起きていることは、「アラブの春」と同様、第一次大戦から一世紀続いた国民国家の闘争とは異なる次元に属する。アラブ民族主義とは異なり、イスラム国は、かつて英仏が引いた国境線の「抹消」を宣言したが、実際にも国境線は消えつつあるようだ。だが、帝国主義の暴力がもたらした国民国家の虚構に代わり中東に浮上しつつあるのは、さらに暴力的なもう一つの虚構なのではないか。

「イスラム国」……ISなどとも呼ばれる。イラクとシリアを中心に活動するイスラム過激派組織。二〇一四年六月、「カリフ（預言者ムハンマドの後継者）制国家」の樹立宣言が行われたが、他国から国家として承認されていない。

自民党勝利　科目もない抜き打ち試験

二〇一四年一二月

選びようがないではないか――突然の国会解散、総選挙に対するこれが多くの国民の率直な感想だったろう。

アベノミクスに満足しているわけではない。集団的自衛権の行使容認も特定秘密保護法も、社会がどんどんきな臭い方向に進んでいるようで心配だ。でも、だからと言って、民主党の不甲斐なさには呆《あき》れるし、第三極は崩壊寸前。頼りない野党に未来を託す気にもなれない。

こんな気分が選挙民の平均値だったのではないか。今回の選挙は、生徒が勉強していないのを見透かした先生が、抜き打ちでテストをしたようなもので、周囲と交わらずにただコツコツと勉強だけをしている生徒以外は軒並み点数が振るわなかった。投票率も五二パーセント台と、戦後最低を更新した。人々の間には、総選挙は抜き打ちテストのようなものであっていいのか、それはせめて期末試験のようなものであるべきなのではないかという実感がある。

生徒たちの不勉強具合を見透かした抜き打ちテストだったのだから、結果は予想通りである。こういう時は、投票は人で選ぶか、目先の利益を与えてくれる政党を選ぶかしかない。遠くのリスクはまだ普通の人々に実感できない。だから自民党の圧勝は解散時から予測可能だった。

野党が脆弱すぎて、政権としての代替案が存在しないのである。

争点も曖昧だった。自民党はアベノミクスの成果を強調し、野党の多くは集団的自衛権や特定秘密保護法を批判したが、原発再稼働や沖縄の問題、日中韓の関係は中心的な争点とはならず、要するに何を争う選挙なのかがはっきりしなかった。これは算数のテストなのか、それとも国語や社会、理科のテストなのかがはっきりしなかったのである。

もし、これが目先の利益をめぐる争いなら、お金をあふれさせることによって一部に生じた余剰を、どう社会全体に再分配するかが問われるべきだった。円安で輸出型の大企業は莫大な利益をあげたが、それが中小企業や勤労者まで循環していない。実質賃金指数はマイナスが続いており、人々の家計が楽になっているわけではない。他方、企業の内部留保金は増え続け、過去最高を更新している。

当然、ここで問われるべきは、再分配の仕組みである。最大の問題は、既得権益の構造を変えられていない点だ。むしろ、既存の構造に乗ってマネーが流れるので、ますますその構造が強化される。あらゆる主要産業で日本を身動きできなくしてきたのは、まさにこの構造なのだから、これと徹底的に戦う姿勢を見せる党があれば、一定の支持は得られただろう。第三極の崩壊は、この点での合意がなかったことの証明といえる。

他方、目先のリスクを争点とするなら、集団的自衛権や特定秘密保護法から日中関係や改憲まで、目の前はリスクだらけである。ところがこれらは、民主主義や平和を価値として全力で守る意識が根づいていて初めてリスクと認識される。戦後日本に本当にその意識が根づいていたのか、疑問符が生じている。

さらに遠くのリスク、人口減少や社会保障、教育から大災害、原発までの課題に、説得的な未来図を示す党があったと言えるのか。短期決戦では、これらは直接の得票には結びつかない。だが、選挙に至る長い道程で、遠くまで見える人とそうでない人では、雲泥の差がある。

私たちの社会の未来の課題は、富の獲得ではなくリスクのマネジメントである。リスクが現実の災禍となってから、人々は慌て始める。明らかに、これではもう手遅れである。

これは現実的な想定だ。私たちの乗る「日本」という船は、すでに泥船かもしれないのだ。人々はそのことにうすうす気づいているので、目先の利益を得て自分の救命ボートを買い揃えようとしているのかもしれない。あるいは、この船は特別な船で、泥製でも航海を続けられると信じているのかもしれぬ。だが日本に今必要なのは、泥船を軍艦に替えることではない。泥船が沈むよりも前に、いかにこれを安全な平和の船に作り替えていけるのか。そのためには何を捨てても大丈夫なのかをはっきりさせていくことだ。

第三章
対話を封殺する言葉
――「イスラム国」と日米同盟

2015年1月～12月

安保法案反対を訴えるSEALDs（写真提供／共同通信社）

瞬時性の現代　「自由」と「尊厳」の衝突

二〇一五年一月

甚大な破壊と殺戮《さつりく》をもたらした第二次世界大戦の終結から七〇年。その新年早々、七日昼フランスで凄惨《せいさん》なテロ事件が発生した。事件の経過はすでに大々的に報道されているが、背後には歴史的・現代的に私たちの社会の根幹に関わる問題が伏在している。

事件後、風刺週刊紙「シャルリー・エブド」の風刺漫画家らが殺害されたことへの抗議は欧米全土に一気に広がった。七日晩、パリ中心部の共和国広場には市民数万人が集まり、「私はシャルリー」「われわれは恐れない」などと書かれたプラカードを掲げてテロに抗議した。

反テロ集会の波は、瞬く間にロンドン、ベルリン、ニューヨークなどへ広がり、一一日には欧州各国の首脳も陣頭に立ち、パリで一〇〇万人、フランス全土で三七〇万人が集う空前の行進となった。「殺すことで、記者だけでなく社会全体を黙らせようとしている。攻撃されても、私たちは変わらない」。そう、集会への参加者は語る。率直で、力強い言葉だ。

ここまでなら、民主主義の根幹をなす「表現の自由」とそれを脅かすテロリズムの衝突が、問題の構図ということになる。だが今回、「自由」への残虐な暴力の背後には、「宗教的尊厳」の問題がある。イスラム教徒からすれば、「尊厳」は個人に属する以上に宗教全体、とりわけ教祖に属する。したがって、教祖の尊厳が汚されることは、個人の尊厳以上に深刻な問題として受けとめられる。教祖の身体はもともと観念上のものだから、その象徴的侵犯は、実際の物理的侵犯と区別できない。

絶対王権や伝統的な宗教的権威と戦ったフランス革命から二世紀の間、西欧近代は、こうした宗教的尊厳から個人の尊厳を切り離し、自由と平等と博愛に基づく近代社会を形成しようとし続けた。宗教的神聖性に対して世俗主義を掲げ、宗教の領域を限定することで、個人の尊厳から言論の自由までが、少なくとも西欧近代社会における普遍的価値としては確立していった。だが現実には、「平等」も「博愛」も、現代世界で宗派、民族を超えて実践されているかは疑わしい。一九八〇年代以降、グローバル資本主義が地球の隅々までも席巻する中で、貧富の差は拡大し、民族的、宗教的少数派は貧しさの中に構造的に押し込められてきた。

そして、西欧社会で将来の見通しもなく劣位に置かれてきた少数派は、グローバル化で低くなった国境の壁を容易に越えて中東に渡り、軍事訓練を受けて帰国する。だから一つのテロの容疑者が逮捕されても、また別のテロが生じるリスクは消えない。

八〇年代末、『悪魔の詩』を書いた作家ラシュディに対し、この小説がイスラムの尊厳を冒《ぼう》瀆《とく》すると考えたイランの指導者ホメイニは、トップダウン式にラシュディ殺害を指示した。それから四半世紀、今日、雑誌からネット映像まで、宗教的尊厳が汚されたと考える多数の急進派が、ボトムアップ式に「表現の自由」を攻撃し始めている。

この転換で、インターネットや映像が果たした役割は見過ごせない。『悪魔の詩』は小説だったが、二〇〇〇年代以降の事件のほとんどは映画や漫画で生じている。〇四年、イスラム社会の女性虐待を描いたオランダの映画監督が殺害され、〇五年にはデンマークの日刊紙に掲載された風刺画にイスラム教徒が猛反発、大使館への自爆テロや漫画家の暗殺未遂事件が生じた。一二年、ムハンマドを冒瀆する米映画に反発した群集がリビアやエジプトで米大使館を襲撃する。そして「シャルリー・エブド」も、その風刺漫画をめぐって何度も攻撃を受けていた。

言語には翻訳の壁がある。ところが漫画や映画のイメージは、中間項なしに異文化に入り込む。これは、映画や漫画の強みだが、逆にこの直接性が多大なリスクを生むことにもなる。グローバル化やネット社会で、西欧で生産されたイメージは一気にイスラム社会にも流通し、予想を超えるリアクションを生じさせていくのだ。価値観の大きく異なる者が混在して生きる現代社会で、イメージもまた瞬時に共有されていくとき、「自由」と「尊厳」が、西欧社会が想定していなかった仕方で正面衝突する可能性は、かつてないほど高まっている。

シャルリー・エブド……一九六〇年に「アラキリ」(日本語のハラキリの意)として創刊された風刺が売り物の大衆週刊紙。近年ではイスラム教の預言者の風刺画を掲載してイスラム教徒の反発を招いてきた。

恐怖の劇場国家「イスラム国」

二〇一五年二月

凶暴なる劇場国家「イスラム国」は、湯川遥菜《はるな》さんに続いて独立系ジャーナリストの後藤健二さん、さらにはヨルダン軍パイロットの極めて残虐な殺害の画像や動画をネット配信し、世界を震撼《しんかん》させた。これが卑劣な蛮行であることに異論の余地はない。だがここは、残虐さへの怒りを超え、背後にあるものを読み取ることが肝要だ。この社会時評欄では、昨年一一月と今年一月の二回、「イスラム国」やイスラム過激派テロについて論じた。私が強調したのは、一連の負の連鎖に米国が決定的に関与してきたことと、グローバル化したネットメディアの重要性だった。この二つが、今回の事件でも根底にあるとの認識は変わらない。

今回の日本人人質殺害事件でまず思い起こされるのは、二〇〇四年にイラクで発生した日本人青年香田証生さんの殺害事件である。アブムサブ・ザルカウィ率いる当時、アルカイダの支部とされた組織が香田さんを人質にし、自衛隊のイラクからの撤退を要求した。小泉純一郎首相が拒否すると、彼らは香田さんを星条旗の上で斬首し、すぐさまその殺害動画をネットに配信した。

一〇年を隔てた事件の類似は明らかである。香田さんの事件の星条旗はやがてオレンジ色の囚人服に変わる。この色が喚起させようとしているのは、イラク戦争の際、グアンタナモなどの米軍基地や収容所でイスラム教徒が暴行を受けた記憶である（池内恵『イスラーム国の衝撃』文春新書）。米軍収容所で着せられていたオレンジ色の囚人服を、「イスラム国」は逆に欧米や日本の人質に着せ、残酷な殺害が「報復」であるとの意味づけを与えようとしている。

彼らは残虐行為に象徴的な含意を埋め込んで巧妙な映像を仕立て上げる。莫大な情報が日々世界をかけめぐる現代社会は、絶えず新たな刺激に飢えており、極度に残忍な映像には注目が集まる。「イスラム国」は現実の殺人を、グローバル情報産業のコンテンツであるかのように配信する。

この倒錯は、一四年に突然出現したのではない。「イスラム国」の起原は9・11事件後の米国のアフガニスタンやイラクへの侵攻にある。無理やりイラク戦争を始めようとしていた米政権にとり、イラクにもアルカイダに対応する集団がいることは好都合だった。

こうして当時のパウエル国務長官の国連演説から「ザルカウィはアルカイダとフセインをつなぐ重要人物」との神話が捏造され、メディアを介して世界中に広まった。やがて虚像は事実と化す。「イラクのアルカイダ」は、世界からの注目ゆえに混乱する戦後イラクで過激派の主導権をとる。そして彼らが、「イスラム国」へと変化していくのだ。イラク戦争で米国は中東に強引に介入し、地域秩序を混乱させたうえ、「イラクのアルカイダ」の虚像から「イスラム国」という実体が生まれる伏線までを用意したのだ。

架空の像が広まり、やがて本当にテロリストが強力になっていくこの逆立ちした過程に似た現象は、「イスラム国」の随所に見られる特徴だ。同組織は、本当に原油を売って巨額の資金を得ているのか。兵士にも十分な給与が出ているとの口コミ情報も、全体が情報操作の結果かもしれぬ。斬首の残忍さも、彼らの力を誇示する演出だろう。伝わってくる情報全体が操作されており、その真実性は疑わしい。

米国は、自国の関心から虚像を捏造した。虚像は実体化して「イスラム国」を生み、この恐怖の劇場国家は自らの虚像性を利用し続ける。米国による「捏造」と「イスラム国」の「上演」は、奇妙に共振している。

だが、それなら虚像に振り回されて大騒ぎする日本のメディアは、この恐怖の劇場の恰好《かっこう》の共振板とはいえまいか。大衆的な恐怖心こそ、計算され、期待されたものなのだ。劇場自体の仕掛けを問わず、舞台上の残忍さに驚愕するのでは、狡猾な演出家に踊らされる「お客さん」でしかない。しかもひょっとすると、この恐怖の劇場は、米国のみならず危機管理体制を強めたい日本政府にも、効果的に機能するかもしれないのである。

「イスラム国」による日本人殺害事件……二〇一五年一月、「イスラム国」が湯川遥菜氏と後藤健二氏の殺害を予告した動画を公開。身代金やテロ事件の実行犯の釈放を要求したものの、交渉は成立せず、殺害された。

震災の記憶を社会の共有知に

二〇一五年三月

あの日から四年が過ぎ、震災の記憶の風化が懸念されている。復興も遅々としている深刻な状況なのに、すでに私たちは震災の記憶を視界の外に置き始めている。その不実が問われ、震災を記憶することの重要性が叫ばれている。

ではなぜ、私たちは震災を記憶し続けねばならないのだろうか。無論、記憶のなかで喪《うしな》われた人々や風景とのつながりを保ち続けること自体に価値がある。同時に震災の記憶は未来への教訓であることも知られている。過去の津波の言い伝えが、いかに多くの命を救ったことか。さらに、震災の記憶を目に見え、耳から聞こえる形で残すことで、国内外の多くの人に、被災の経験を多少とも共有してもらうことができる。

しかし、ここでカメラを引いて眺めてみよう。地震や津波は人類の暦よりもはるか以前から地球の各所で繰り返されてきたし、今後も繰り返される。大災害は、その地球の時間と人間の時間の交点で生じるわけで、交わりの角度により多様だが、共通点も少なくない。つまり、災害には時間的・空間的な反復性がある。

実際、阪神・淡路大震災（一九九五年）の直後、宮城県では七八年の宮城県沖地震を凌《しの》ぐ規模の地震の発生が心配されていた。七八年の地震では死者二八人が出たが、再来する大地震では死者が八〇〇人に達するとも想定されていた。この地域では約四〇年周期で地震が起きているので遠からず要注意期に入るとの指摘もあった。

他方、神戸の大震災の六年前には米サンフランシスコで震災が起きていた。その際、同様の震災は日本列島の至るところで起こる可能性があること、そうすれば高速道路が崩れ、火災が市内各地で生じることも予想されていた。震災の二年余り前には、京都、大阪、神戸には活断層が密集し、大地震がいつ起きても不思議でないとも指摘されていた。

災害は、忘れた頃にやって来ると言う。なぜ、そうなのかと言えば、地球の時間と人間の時間が異なるからだ。私たちは人間の時間の中を生きている。その外の地球の時間の広がりを忘れがちになる。だからこそ東日本大震災後、多くの人が被災の記憶を後世に伝える取り組みを重ねてきた。地球の時間の痕跡を、人間の時間に刻んでおくのである。すでに神戸の震災でも、震災遺構、死者の名を刻んだ石碑、語り部たちのことが話題になっていた。記録集や記録映画が製作され、追悼の集いも地道に営まれていた。

しかし、記憶の歴史は忘却の歴史でもある。新しい建物が建っていけば、おのずと人は新しい風景に慣れていく。地球の時間は人間の時間の視野外に追いやられ、過去を忘れるままに日々が過ぎていく。

この忘却が顕著だったのは関東大震災で、被災の記憶は帝都復興の槌音《つちおと》に早々とかき消されていった。震災直後から、東京は「唯ひと筋に復興へ」向かうべく、区画整理、道路や橋梁《きょうりょう》の建設、公園整備を進めた。当時、慰霊の記念碑や記念堂は建立されても、記憶は個人の内面に自然に湧き上がるものでしかなかった。

ところが九〇年代、震災の「記憶」に対する社会の態度にパラダイム転換が生じていく。記憶は個々人の内面の出来事である時代から、社会の共有知とされる時代へ転換していくのだ。人々は今や、地球の時間との交点を、人間の集団的な時間の中に組織的に刻み込んでおくことに意義を見出し始める。もっともこの種の集合的記憶は、近代以前にも広く見られたことなので、「再び」という修飾語を付しておくべきかもしれない。

この転換には、私たちの社会における記憶する技術の革新が深く作用していた。つまり、デジタル技術により莫大な記憶容量を持った人類は、もはや忘れることができなくなる。地球の時間との交渉すべてを記憶することで、人間の時間を拡張可能なものとし始める。それはいわば、グローバルに広がるバーチャルな地球時間である。

最も重要なのは、そうして残された集団的記憶を、いかに未来の災害に対する想像力に結びつけていくかにある。巨大な防波堤で災禍をもたらす地球への視界を遮るのではなく、日々、地球の時間への回路を保持し続けること。災禍も富ももたらす巨大な地球の時間と結び、それと共に生き続ける未来を、最新技術を用いながら地球規模で構築していくべきなのだ。

知的強靭《きょうじん》さを育てる教育とは

二〇一五年四月

四月、新学期が始まり、教室は新しい級友や新入生で溢《あふ》れる。授業は新しい教科書と共に始まるが、その教科書に異変が起きている。

六日、来年度からの中学教科書の検定結果が公表された。領土記述が倍増し、竹島と尖閣《せんかく》諸島が日本領土であると社会科の全教科書に明記され、「政府の統一見解」が随所に反映されることになった。政府と教科書の距離は縮まり、これでは国の広報誌だとの疑問も出る。

この一年、安倍政権は着々と手を打ってきた。今回の検定では、文部科学省が昨年一月、政府見解に基づく記述を尊重するように検定基準を改定したことや、学習指導要領解説書を改めたことが実質的に作用した。外濠《そとぼり》は、一年前から埋まっていたのである。

他方、出版社側も、少子化や出版不況の中で教科書の検定と採択の結果が社の生き残りを左右するところまで追い込まれている。誰からも文句がつかない経営的に「安全」な教科書にすべく、文科省の意向にすり寄りがちになる。

この動きに中韓は反発するが、歴史教科書をめぐる韓国、中国との対立は今に始まったことではない。すでに一九八〇年代初頭から、この問題は日本と周辺諸国で表面化していた。それ以前の教科書問題は家永三郎氏の訴訟に代表されるように、民主主義と国家管理の対立という国内的構図の中にあったが、八二年、当時の文部省が社会科教科書検定で「侵略」の言葉を控えるように求めたとされて中国、韓国が猛反発し、検定基準に近隣諸国条項が盛り込まれることになった。

八〇年代半ばには、中韓の動きに反発する右派が独自の高校教科書を作る。さらに九〇年代、河野談話、従軍慰安婦問題の記述、「新しい歴史教科書をつくる会」の動き、アジア諸国の批判が交錯し、日本の歴史教科書は国内以上に国際問題となっていった。

つまり、七〇年代までの教科書問題が戦後的構図の中にあったのに対し、八〇年代以降のそれはポスト戦後、グローバル化が日本とアジアの戦後を不可分に結びつける新しい地平で展開してきたのである。

変化は日本だけで起きたのではない。経済発展を軌道に乗せた韓国や中国では、九〇年代以降、日本の侵略実態などの現代史教育を強化する。日本の過去に、中韓の若者は日本人以上に詳しいという逆転が生じていく。国内右派の反応は、自らの加害性の隠蔽も含めてこれに対抗する動きで、結果的に日中韓それぞれでナショナリズムが強化されていった。

だが、この方向には東アジアの未来がない。歴史を学ぶことを通じて日中韓が融和していく可能性が塞がれるだけではない。そうした対話能力を持つ次世代、自らと他者の立場を同時に理解し、相手の論理に入り込みながら自身の立場も相手に納得させていく柔軟な交渉力を持つ人材が、育たなくなってしまうのである。ところが、そうした国際的に通用する対話能力を持つ若者を育てることこそ国力の基礎だと、最近では文科省ですら考えているはずなのだ。

これは、そもそも教科書は何のためにあるかという問いに通じる。授業の基本は、教科書「を」教えることではなく、教科書「で」教えることにある。教科書は経典ではなく、優れた理解力や表現力を持つ若者を育てる道具である。そして歴史とは、根本的に他者を理解する方法である。過去を生きた他者とその時代を、資料に基づき理解して現在とつなぐ力は、現在において他者の立場を理解し、これと対話する力につながる。

領土問題にしても、韓国や中国、ロシアがこの問題をどんな論理で考えるのかをなぜ教えないのか。自分とは異なる相手の立場を理解し、対話を通じてこれを調整できる知性こそ、教育が育んでいくべき能力である。一方的に政府の立場を教える教育は、こうした知的強靱さを絶対に育てない。むしろそうした教育が跋扈《ばっこ》させるのは、相手の立場や論理を理解できずに目と耳を閉ざし、自己の立場を防衛するために時の権力に従う脆弱な若者である。一面的な「正しさ」を刷り込む教科書が、そんな若者ばかりを育ててしまわないことを願う。

安倍首相の米議会演説が示す日本外交の陥穽《かんせい》

二〇一五年五月

ここまで米議会に気を使うのか。安倍晋三首相の米議会演説を聞き、まずそう感じた。学生時代のホームステイやニューヨーク駐在の経験談から始め、「Abe」とリンカーンの愛称「Abe（エイブ）」の近似まで、米議会の保守派が喜びそうな話題を重ねていった。

首相はまず、日米戦が米国の若者の多くの命を失わせたことに「深い悔悟（repentance）」を、戦争全体には「深い後悔（remorse）」を表明した。外務省は後者だけを「痛切な反省」と訳したが、修飾語はどちらも「ディープ」で同じ。後者に特別の含意はない。

さらに首相は、戦後日本にどれほど米国が寛大であったか、贈られたヤギの頭数を数え上げて話し、経済と軍事両面での米国との同盟が日本の政策的基軸だと、祖父岸信介と自分を重ねて強調した。文化面でも、ゲーリー・クーパーとキャロル・キングに言及し、自分の価値観がアメリカ文化と共に形成されてきたことをアピールした。

首相の演説は、いじらしいまでに米国に顔を向け、その米国を超える世界には目線が届いていない。たしかに米国は世界の権力ゲームの頂点にある。しかし、それを必要とし可能にしてきたのは、米国をも超えた資本主義世界の秩序である。日米がこの秩序が孕むリスクをどう克服していくのかという肝心の論点が、米国との一体化に熱心な首相の視界からは欠落している。

この安倍首相の演説は、米議会での各国指導者の演説の間でどう位置づけられるのか？　それらの多くがネット視聴可能である。観始《みはじ》めたらなかなか面白く、ハマってしまった。

安倍首相と対照的だったのは、三月にイスラエルのネタニヤフ首相がした演説である。イスラエル首相として七回目になるこの演説で、彼は核開発をめぐってイランと交渉を続けるオバマ政権を批判し、イラン空爆までも示唆した。こうした露骨な攻撃性は御免蒙《こうむ》りたいが、同じく数多くの演説をしてきたメキシコ大統領の演説も内容は具体的だった。五年前、メキシコでの麻薬撲滅の戦いに協力を仰ぎ、米国のメキシコ移民の困難を訴えていた。

諸々の議会演説で、圧巻は二〇〇九年のドイツのメルケル首相だ。彼女も自分とアメリカの出会いを語ったが、安倍首相の三分の一以下の時間で、個人の経験から世界の歴史を展望していった。演説の後半も、なぜ米国と欧州が二一世紀に連帯するのか、地球の未来を見据えて理由を明晰に示す感動的な内容だった。メルケルはこのドイツ語の演説で、完全に上下両院を味方につけてしまった。

たぶん、安倍首相の演説に最も似ていたのは、韓国の朴槿恵《パククネ》大統領が二年前にした演説だろう。朴も、朝鮮戦争での米軍の支援に感謝し、韓米の同盟関係に縁のある高齢の陪席者を紹介した。安倍も朴も冷戦期の支援を振り返ることで米国との紐帯《ちゅうたい》を確認し、経済や軍事のいっそうの同盟を主張した。だが、それでも朴は、朝鮮半島の南北統一の希望について何度も語った。統一は朝鮮半島の明確な未来で、全世界の希望でもあると主張することで、彼女は米国中心になりがちな話を引き戻していた。

安倍首相が、ジョークだけでなく話の中身で朴大統領以上の「希望」を語る気なら、沖縄と東シナ海の未来について、米政府と中国政府、沖縄県民の三者に納得のいく言葉を紡ぎ出すべきだった。沖縄と東シナ海の問題は、朝鮮半島分断と並ぶ東アジア最大の課題である。解決策は難しくても、そこに重大な将来の課題があるとの示唆はできたはずだ。

それをあえて避けたところに、日本外交の陥穽がある。難しい面倒な話題は避けて通る。外務省官僚にはそれが得策でも、日本にとっては違う。米議会は、米国の政治的知性の集まりだ。外交的美辞麗句ではなく、米国が日本と共に何を考えるべきかを示す絶好の舞台だったはずだ。明瞭な発音でゆっくり話すスタイルは悪くなかったが、肝心の中身で、沖縄については一語も語らず、米国への感謝と約束をし続ける演説は、社交であって外交ではない。

安保法案と「お守り言葉」

二〇一五年六月

安倍政権による言葉の使用法がひどい。「自衛権」「平和」「リスク」等、いずれも本来の意味からずらし、正反対の意味に多用していく。言葉の濫用が現状の理解を困難にし、なし崩し的に国の未来が決められる。多くの人々は、言葉はそれが通常指示する事柄に対応しているはずだと思うから、言葉の背後で起きつつある事象に鈍感になりがちだ。

一九三七年、日本は「東亜の平和維持」を掲げ中国との本格戦争に突入し、四一年、「東亜永遠の平和を確立」するために対米戦争に踏み切った。その戦争に勝利した米国は六四年、「東南アジアにおける国際平和と安全の維持が国益と国際平和にとって死活的」だとして泥沼のベトナム戦争に本格介入していった。

安倍政権による「平和」の使用法は、これらの例にかなり近い。首相は、「もう二度と戦争の惨禍を繰り返してはならない」という「不戦の誓いを将来にわたって守り続ける」ために「平和安全法制」を整備すると言うが、中身は集団的自衛権をはじめ、自衛隊による他国軍への支援を随時可能にする恒久法である。

米国によるベトナム戦争もニカラグアへの軍事介入も、多くの現代戦争が集団的自衛権の行使として行われてきた。集団的自衛権を認めることは、実質上、戦争への積極的参加の可能性を認めることなのだ。だからこそ、一連の立法は「戦争法案」だという批判が続出するわけだが、首相はこうした批判に「無責任なレッテル貼り」だと声を荒らげる。

国会審議を通じ、集団的自衛権行使の要件となる「日本の存立が脅かされる事態」について、現内閣が曖昧な定義しか持っていないことも示された。政府は「総合的」に判断すると言うが、その「総合」の基準とは何か。任せてくれ、悪いようにはしない、ということらしい。

今回の法案で自衛隊の海外活動範囲が拡大すれば、隊員が犠牲になる、ないしは他国民を殺傷する可能性が高まるとの疑問にも、首相は正面から応答せず、「戦争に巻き込まれることは絶対にない」と断言する。なぜ「絶対に」と言い切れるのか、根拠は示されていない。普通に考えれば、自衛隊が世界規模で米軍の補助的役割を担っていけば、これまで以上に危険な任務が求められ、相応の犠牲者が出ることは予想できる。それでも戦争参加は「絶対に」ないと言い切る首相は、原発事故は「絶対に」ないと言い切ってきた電力会社に似ている。

しかも、米国のお先棒を担いで軍事行動をとれば、日本は日米同盟以外の選択肢を失い、多極化するアジアで孤立していくかもしれぬ。現政権がその予測をできないはずはないが、こうした戦略的思考についての対話は遮断されている。

さらに、衆院憲法審査会で憲法学者三人が他国を武力で守る集団的自衛権の行使容認は違憲と明言したことに、自民党や政府の幹部は「学者は憲法の字面に拘泥する」と反発し、「憲法解釈は政府の裁量の範囲内」との発言まで飛び出した。彼らには国家の法的根幹が言葉の体系に支えられていることが、理解されているのだろうか。

いったい何が起きているのか。ちょうど小泉政治華やかなりし二〇〇〇年代からであろうか、面接試験などでパフォーマンスは上手なのだが中身のない若者が増えた気がする。この場合、中身とは自分が発話する言葉に対する正確で深い理解である。それができないまま、流行《はや》りの「お守り言葉」を多用してプレゼンテーションをして見せる。面接試験なら不合格になれば良いが、国の将来までをパフォーマンスで決められたのではたまらない。空疎な言葉が重ねられ、重大な結末が生じるまで人は気づかない。

言葉は本来、他者との深い対話の媒介である。とりわけメディアが高度に浸透した現代ではそのはずだ。だが実際には、「お守り言葉」が至るところに氾濫し、対話の媒介としての言葉の役割を見えなくしている。つまり氾濫するのは、対話を封殺するための言葉である。この「封殺」の中で、私たちは近い将来、「平和」のための戦争を再び起こしてしまうのだろうか。

安全保障関連法（安保法）……新設の「国際平和支援法」と、自衛隊法改正など一〇の法律の改正を一つにした「平和安全法制整備法」から構成される。自衛隊の武器使用基準の緩和や、上官に反抗した場合の処罰規定なども盛り込まれた。二〇一五年九月成立、翌年三月施行。

新国立競技場計画の迷走

二〇一五年七月

まるで泥沼の日中戦争と同じではないか。すべき決断を先送りし、事態がますます悪化してきても、責任の所在もあいまいなまま力ずくで押し切れるという気だろうか。安保法案のことと早合点するなかれ。二〇二〇年東京五輪のメーンスタジアムとなる新国立競技場のことだ。

総工費二五二〇億円、同じ五輪スタジアムなのに、二〇〇四年のアテネの七倍、〇八年の北京や一二年のロンドンと比べてもべらぼうな金額である。しかも、この金額はさらに増大するのが確実で、後付けとなる巨大屋根や椅子の常設化、毎年のしかかってくる維持費により、とんでもない負の遺産を国民は背負い込むことになると予想されている。

全国紙の調査では、すでに八割以上の国民が新国立競技場の計画を見直すべきだと答えている（ネット調査では建設反対は九五パーセント）。圧倒的多数の国民が政府の強引さに全然納得していないのである。反対や疑問の声は、マラソンの有森裕子、ラグビーの平尾剛から大阪市長の橋下《はしもと》徹まで立場の違いを超える。橋下市長は、「お金がない家庭がフェラーリ買うと言ったら『アホか』と言われる」と快気炎。

七日、計画承認した有識者会議ですら、予算の説明責任が果たされないと指摘する委員や八万人を常設椅子で収容できる施設にするのが国際公約だったはずと述べる委員がいるなど、ほぼ誰一人として、現行案がいいとは思っていないのだ。

それなのに、政府は「国際公約」を理由に無謀な計画を頑《かたく》なに押し通す構えを続けてきた。しかもこの「国際公約」という言葉がくせものだ。国際オリンピック委員会（IOC）の現方針を要約するのは、「アジェンダ2020」である。これはIOCが二一世紀のオリンピック理念を示したもので、選手への支援強化、スポーツと文化の融合促進、社会との対話、透明性向上などとともに、招致費用の削減、持続可能性、大会開催費用の削減と運営の柔軟化が盛り込まれている。だから既存施設の最大限活用と仮設による施設の活用が重視されるのだ。

過去のオリンピック遺産（レガシー）を生かし、コンパクトな五輪を開催するとの招致プランは、このIOC方針に対応するはずだった。だが、現在日本で起きていることは、IOCが掲げる理念の真っ向からの否定である。この違反の重さに比べれば、施設デザインの変更は大した「公約違反」ではない。しかも、今からの設計のやり直しは間に合わないという前提を、槇文彦氏ら建築家は否定し続けてきた。巨大なアーチ構造を諦めれば間に合うのである。

かつて一九六四年の東京オリンピックを前に、都や国が会場として想定していたのは朝霞《あさか》米軍基地だった。朝霞返還で都心から計画道路を通すことが願望だった。しかし六一年五月、米国側は代々木のワシントンハイツ返還を提案する。日本側は困惑するが、アメリカ側の強いイニシアティブでオリンピック開催の三年前に決着した。

こうして開催三年前、会場計画は根底から変更されたのだ。六四年東京五輪を象徴する国立代々木競技場の工事が実際に始まったのは開催一年半前、六三年二月である。当時、ブランデージIOC会長は、「アメリカ人がやるのなら絶対に間に合わないと思うが、私は日本人の能力を信じる」と語った。こうしてわずか一年半で建造された競技場が、今や歴史的名建築である。何より大事なのは、計画の「筋の良さ」なのだ。

下村博文文部科学大臣は、計画見直しには「超法規的」措置が必要と言っていたが、物騒な言葉を使う必要はない。オリンピックの重要性は誰しも理解するのだから、工事手続きにファスト・トラック、つまり一部手続きをバイパスする回路を作ればいい。

政府の強引さに作家の平野啓一郎は「次世代の絶望を想像できないのか」と問う。政府、文科省、日本スポーツ振興センター（JSC）の無責任な迷走に呆れ、日本国民はもう答えを出している。二〇二〇年に日本で開催されるオリンピックで何をしてはいけないか、もうすぐ世界の世論からも声が聞こえてくるはずだ。その大きな声に、やがて政府も耐えられなくなるだろう。決断は早いほうがいいし、中途半端であってはならない。

新国立競技場問題……二〇一五年七月、安倍首相が高い建設費などを理由にザハ・ハディド氏の設計案を白紙撤回。計画を見直し、同年一二月、隈研吾氏らによる案に決定。新計画案では工費を一四九〇億円としている。

国会前のデモに見る未来の兆候

二〇一五年八月

歴史は繰り返される。安倍晋三首相が数の力で押し通そうとする安保関連法案に反対し、国会前に集まる人々が急増している。衆院特別委での強行採決直後には約一〇万人が集まったとされ、学生グループ「ＳＥＡＬＤｓ」のフォロワー数も膨らみ続けている。今や人々は、狭義の安全保障問題を超えて、安倍政権の民主主義に対する姿勢を問い始めている。

この状況は、半世紀前の六〇年安保に酷似している。安倍首相の頑なさは、自ら望んで演じているのではないかと疑われるくらい、祖父・岸信介首相をなぞっている。あの時も、自民党は二年前の衆院選で大勝し、衆院の六割以上を押さえていた。国会内だけで考えるなら、政府は数で押し切れる状態にあり、それが岸首相の強硬姿勢につながった。

そしてこの強硬さが、岸首相からの国民の決定的離反を招いた。とりわけ一九六〇年五月一九日の強行採決以降、国民は岸の政治家としての資質を根本から疑問視し、それが「戦犯容疑者」としての彼のイメージと重なることで、「安保反対」の声は雪だるま式に膨れあがった。こうして岸は、数カ月前には予想もしなかった辞任に追い込まれていった。

今回も衆院での安保関連法案強行採決以降、首相の支持率は急落し、すでに三〇パーセント台。だから同じことが、再び起こるのではないかというのがマスコミの関心事である。

だが、首相の政治姿勢以上に半世紀を隔てて共通するのは、〈政治〉の場が国会の内と外で反転しつつあることだ。半世紀前、三〇万人とも言われるデモ隊が国会を取り囲んだ。街頭の政治が議場の政治と対峙し、政治が国会内だけで動いているのではないことを証明した。今回も、類似の反転が生じる気配である。

そもそも国会前がこうした中心性を帯びたのは、占領期に膨大な人々を集めて皇居前広場で開かれていた集会が締め出された結果である。五〇年五月三〇日、この広場で共産党系集会と米軍が衝突し、以後、連合国軍総司令部（ＧＨＱ）は広場での政治集会を禁止する。さらに五二年、独立後、初めて開催されたメーデーで参加者と警官隊が衝突して多数の死傷者が出て、皇居前から政治集会は完全に締め出された。

こうして五〇年代半ば、街頭の政治の舞台は皇居前から国会前に移動した。すでに五三年七月、総評大会を終えた代議員や炭労、官公労などの労働者約一〇〇〇人がストライキ規制法に反対して国会へデモを行い警官隊と衝突、警戒線を突破して院内に突入、スクラムを組んでメーデー歌を高唱したという。

だから、警戒線を破り国会に突入したのは全学連が最初ではない。にもかかわらず、「天真《てんしん》爛漫《らんまん》にストライキ、デモを行います」と宣言して五九年一一月二七日に彼らが主導した「国会突入」は、既成政党があきらめムードの中、人々の状況認識を転換させる突破口を開き、「安保」が国民的争点化する契機となったとされる。国会前は、そんなパフォーマンスの舞台として、皇居前に代わって意識的に利用されたのである。

そして現在、再び国会前に若者たちが集まりつつある。彼らの意識や生活において、日本はもはや「特殊な国」ではない。八〇年代まで、日本の若者たちは、例外的に豊かな生活を享受していたが、その後の経済の停滞とアジア諸国の発展で、彼らは今や周辺諸国の若者たちと同じくらいに豊かでも貧困でもあり、矛盾の拡大と将来の不安が彼らの不満を顕在化させている。ある意味で、不機嫌な若者たちが再登場しつつあるわけだ。

そんな不機嫌さを抱えた若者たちの心情とソーシャル・メディアが結びつくことで、香港の雨傘革命にも通じる現象が日本にも起こり得ることを予感できる。すでに国会前の若者たちにとって、スマホで自分たちの姿を撮影し、ネット中継するのは当たり前である。議場の政治と街頭の政治に、今ではネットの政治が加わることで、三重の政治が時に対峙し、時に重なっていく。その意味では、今、国会前で起きていることは、過去に起きたことの反復ではなく、未来に起きるであろうことの兆候といえる。

SEALDs……自由と民主主義のための学生緊急行動（Students Emergency Action for Liberal Democracy-s）の略称。二〇一五年五月から翌年八月まで活動していた学生団体。立憲主義に基づく政治を目指し、デモなどの活動を通してリベラルな政治勢力の結集を呼び掛けた。

愉しく、靭やかに、末長く

二〇一五年九月

日本が迷走を続けている。安保法制然《しか》り、東京五輪然り。この国はもう五輪開催すらできないのではないかと、人々は心配し始めている。

この迷走の第一の原因は公開性の欠如にある。五輪エンブレム問題では、グラフィックデザインは業界が狭く、コンペも似た顔ぶれが審査員と受賞者を交代でする「出来レース」が生じやすいとされてきた。今回、応募資格を厳しくしたので限られた者しかコンペに参加できなかったことや、審査過程が公開されなかったこと等、多くの問題点が指摘されている。

他方でここ数年、ネットの劇的な発達で、社会は一気にすべての公開化を迫るようになった。膨大な情報が検索可能になり、しかもイメージすら照合が容易になったことで、市民が専門家の「パクリ」を探すことに情熱を燃やし始めた。このあたりの状況は、昨年起きた「ＳＴＡＰ細胞」問題のときと非常に似ている。

このネット化は、深刻な問題も孕んでいる。エンブレム問題で、多くの法律家は今回のデザイン自体には著作権侵害を認めていない。それでもネットからの大きな声に大会組織委員会は抗しきれなくなっていった。デザイナーの佐野研二郎氏自身、「毎日、誹謗中傷のメールが送られ」、「家族や無関係の親族の写真もネット上にさらされる」ことを、「撤回」を申し出た理由に挙げた。こんな状況に個人を追い込む社会は創造的ではない。「問題がありそうな人」を「みんなで」バッシングする社会の先には、見せかけの「正義」と「萎縮」が蔓延《まんえん》するファシズムしか生まれない。

もうひとつ、問題だったのは、意思決定主体の不明確さである。だいたい組織が複雑だ。日本オリンピック委員会（ＪＯＣ）、日本スポーツ振興センター（ＪＳＣ）、大会組織委員会と、すべて別組織だが、多くの人には区別がつかない。ＪＯＣは国際オリンピック委員会（ＩＯＣ）の日本窓口、ＪＳＣはスポーツ振興くじ等を扱う文部科学省所管の法人、大会組織委員会は森喜朗元首相を会長とし、国と都、民間から寄せ集められた数百人が所属する組織だが、新国立競技場問題では、ＪＳＣの問題処理能力の欠如が露呈し、エンブレム問題では大会組織委員会が迅速な対応をできなかった。似た体質の組織が並立し、決定権が分割されている。これが責任の所在を曖昧にし、危機への対応能力を低下させるのだ。

エンブレム撤回の決断は組織委員会ではなく、デザイナー自身がしたとされる。新国立競技場の場合も、白紙撤回の決定はＪＳＣや文科省を飛び越えて首相官邸でなされた。いずれの場合も、当事者の組織は最後まで有効な決断ができなかったのだろうか。

さらに問題は、そもそも東京五輪を誰のため、何のために開催するのかという理念が見えないことである。日本政府は五輪招致に際し、東北復興との連帯を強調して世界の共感を得た。

安倍晋三首相は、福島第一原発の汚染は完全にコントロールされていると断言した。だが、その後の東北復興、それに福島原発の現状はどうか。東京五輪は、これから東北の復興とどう連帯していくのか。さっぱりその方向性が示されていないではないか。

だからエンブレムにしても、本来表現すべきなのは、単なる「日本らしさ」ではなく、五輪で日本が世界に何を示そうとするのかという明確なメッセージである。半世紀前、シンプルさの中に「強さ」を表現した亀倉雄策《かめくらゆうさく》のデザインは、歴史に残る名作となった。佐野作品はその亀倉を器用に後追いし、「古典」を超える地平は示せていない。かつて亀倉も、国立代々木競技場を設計した丹下健三も、単純で明快な強さを表現することで世界を圧倒した。だが、二一世紀の五輪に本当に必要なのは、一九六〇年代とは異なる価値のはずだ。

その価値とは何か。それはすなわち、「速く、高く、強く」から「愉しく、靭やかに、末長く」への転換である。一九六四年とは異なり、人々が二〇二〇年に期待するのは、成長への夢ではなく持続可能性への信頼である。大量生産と消費の社会からリサイクルの社会への転換を通じ、私たちが愉しく、靭やかに、末長く文化や生活を維持していくこと。そのためにスポーツが大きな役割を果たせることを東京五輪は示すべきなのである。

エンブレム問題……採用された佐野研二郎氏のデザインが、他のロゴに酷似していると指摘されたほか、画像の無断使用なども見つかり、批判の高まりを受け、二〇一五年九月に白紙撤回された。

翁長《おなが》沖縄県知事の覚悟

二〇一五年一〇月

あっぱれにも翁長雄志《たけし》沖縄県知事は、国と刺し違える覚悟である。一三日、彼は米軍普天間飛行場の移設先である辺野古沿岸の埋め立て承認を取り消した。前知事による承認を覆すのに、約一年の周到な準備を重ねた。第三者委員会による議論を経て「承認手続きに瑕疵《かし》あり」との結論を引き出し、政府との集中協議を重ねて妥協点を探る。それらは最初に結論ありきでなく、他に解がどうしてもないことを証明する手続きだった。「辺野古移設が唯一の解決策」と繰り返す政府よりも巧みだ。

翁長知事の戦いぶりがしたたかなのは、彼が「法」と「政治」の微妙なバランスを計算しているからだ。この戦いは必ず法廷闘争になる。裁判の行方はメディアが注目するだろう。仮に裁判が行き詰まっても、国が辺野古移設を強行すればするほど国内外の支持は知事に集まる。彼はやみくもに法的権限を行使しているのでも、反基地運動に没入しているのでもなく、「沖縄の問い」の正義を確信しつつ、「法」と「政治」が交錯するドラマのシナリオを考えている。

歴史の目で眺めるなら、沖縄の正義は明白だ。誰が考えても、国土の〇・六パーセントの沖縄に在日米軍専用施設の七割以上が集中しているのは不正義である。この不正義の継続を、沖縄県民は望んでこなかったし、今も望んでいない。地方自治が本当の「自治」ならば、沖縄のことは沖縄の人々が決める権利があるはずだ。それがあまりに踏みにじられているという訴えを誰が否定できようか。

戦後日本は、戦争に負けただけではない。その敗北した自己を巧妙に否認することで永続的従属状態を作り出し、結果的に経済的利益を得てきた。やがて、バブルの頃から日本人は「お金」のことしか考えられなくなり、自己が否認するものへの想像力を劣化させてきた。

翁長知事と菅義偉《すがよしひで》官房長官の集中協議では、知事が、戦後の米軍による土地強制接収に普天間問題の原点があると繰り返したのに対し、菅長官は「戦後は日本全国、悲惨な中で皆が大変苦労をして平和な国を築いた」と反論したという。交渉のために時間を取ったのに、なぜ長々歴史談義をするのかといら立ったのだろう。しかし、沖縄にとって歴史は現在なのだ。歴史を現在の問題として受けとめず、現在の視点で歴史を平板化したことから日韓、日中の関係もこじれた。安倍晋三政権の同じ弱点が、沖縄問題でも露呈している。

二〇年前、米兵による「少女暴行事件」の時に外相だった河野洋平氏は最近、いま辺野古に基地を「つくれば二〇～三〇年は使うことになる。（戦後）一〇〇年も外国の基地を抱えるなどあり得ない」と語った（「朝日新聞」二〇一五年一〇月五日夕刊）。辺野古の新基地建設は、沖縄が永続的に「基地の島」となる運命を受け入れるに等しい。そんな運命の強要は、明らかに「沖縄の人々の自己決定権や人権をないがしろ」（翁長知事）にしている。

この主張の正当性は、国際的に理解されていくはずだ。知事はすでに国連人権理事会に出席し、「自国民の自由、平等、人権、民主主義を守れない国が、どうして世界の国々と価値観を共有できるのか」と訴えた。今後も、知事は広く国際世論を巻き込んでいくだろう。グローバル化が進む今日、沖縄が国に対し有利な戦いを進めるには、世界を味方につけるしかない。

たしかに今回の出来事は、二〇年前の大田昌秀知事（当時）による軍用地強制使用手続きに関する代理署名拒否を思い起こさせる。だが、あのころはまだグローバル化の途上で、国際世論の影響力が今ほどには認識されていなかった。その後、ローカルな力とグローバルな力の連携は、時には国家の力を超えて状況を変化させることが数々実証されてきた。

国連人権理事会で演説する沖縄県の翁長雄志知事（写真提供／共同通信社）

今回、翁長知事は、「楽観も悲観も全く白紙の中で、沖縄のあるべき姿、日本のあるべき姿を国民に問いたい。世界に問いたい」と語った。裁判の帰趨《きすう》以上に、彼は日本国民と世界に向け、正義とは何かを問うている。本土に住む私たちは、このような沖縄の正面からの問いに、最大限の誠意をもって応える責務がある。

「成長戦略」よりも「成熟」の未来像を

二〇一五年一一月

多数の国民的反対を無視して安保関連法を押し通した安倍晋三政権は、今度は政権存続のため成長戦略の実利を前面に出していくだろう。今の日本人にとって「成長戦略」は、一九六〇年代の「所得倍増」と同様の響きを持つからだ。つまりはもっと儲《もう》けたい人々の感情に「成長戦略」は訴える。しかし、「成長」は本当に日本が目指すべき価値なのか。

七〇年代、日本は成長社会から成熟社会に移行するのだと盛んに語られていた。成長社会は経済の量的拡大を目指す社会、成熟社会は諸個人の生活の質的充実を目指す社会である。ローマクラブの「成長の限界」論と七三年のオイルショックが成長神話に痛撃を与え、これからの日本は価値軸を「成長」から「成熟」へシフトさせるかに見えた。

しかし、八〇年代以降のグローバル化に適応できず、やがて韓国や中国に追い上げられ、国内的には長引く不況に耐えられず、日本は転換を断念して成長社会にこだわり続ける。

この回帰が生じたのが、小泉純一郎政権時代である。小泉政権が二〇〇一年に打ち出した「骨太の方針」は、やがて税制改革と経済活性化を旗印に数々の構造改革特区を成長戦略の柱としていった。以来、同様の成長戦略路線は、民主党の「新成長戦略」からアベノミクスの

「日本再興戦略」まで引き継がれていく。二一世紀初頭、文字通り二〇世紀的価値の「成長」が、日本の指導者が国民に訴え続ける呪文となったのだ。

この逆転を再逆転し損ねたことで、鳩山由紀夫政権は大いに責めを負わなければならない。公共事業中心の経済政策からの脱却も含め、本来ならば〇九年の政権交代の眼目は、「新しい成長」ではなく「新しい成熟」への転換にあったはずだ。しかし民主党政権は中途半端な政策でこの期待を反故にし、付け焼き刃的な「新成長戦略」で墓穴を掘っていった。

たしかに民主党政権は、当初は「成熟」への志向もあり、国内総生産（GDP）に代わる指標を国民の幸福度調査から探ろうとしていた。この「国民総幸福量（GNH）」は、もとは七〇年代にブータン国王が提唱したもので、今では国連に採用され、国別ランキングも発表されている。一五年の日本の幸福度は、世界第四六位である。

振り返れば日本の過去数十年の失敗は、多様な価値を葛藤も含めて受容し、創造的に発展させるのではなく、皆が安心できる一つの価値に固執しすぎたことに一因がある。「成長」は価値の画一性を、「成熟」は価値の多様性を特徴とする。高度成長の成功という記憶が、今やこの国の大きな足かせとなっている。私たちの社会が抱える問題を、新たな「成長」で解決できるというのは幻想である。成長は格差を拡大させ、水面下のリスクを深刻化させる。時に成長が成熟のために必要な前提となることもあろうが、成長は決して社会の目標ではない。

もう二〇年近く前、経済学者の正村公宏《きみひろ》は、「日本人は、働き方を覚えたけれど、生き方を覚えなかった」ため、成熟社会化に失敗したと批判した（「正村公宏さんと考える　成熟社会への道」「読売新聞」一九九八年一一月二七日夕刊）。昨今、日本人は働き方以上に儲け方を一生懸命に覚えているが、生き方を覚えないのは同じである。

この日本列島で、人々が本当に豊かな生活を楽しむ社会を実現するには何が優先課題なのか。森や魚や食や酒から老人たちの知的力量や都市の文化資産まで、私たちがすでに持っているリソースに注目が集まる。少子高齢化と地方消滅、空き家や災害リスクなど課題もすでにはっきりしている。そうした中で、新しい生き方を人々が多様に発見していくための公共的な基盤を整えること、それこそが本来、アベノミクス以後の争点とならなければならないはずだ。

今日、資産のある高齢者が相当数いて、資金の流通量が増大しても消費が伸びないのは、誰しもが未来に不安を抱いているからである。地域が崩壊し、家族や職場に安心感を持てなくなった今、国や自治体の役割は、人々に未来への確信という意味での安心を保証していくことである。それには「成長」の強迫観念から脱し、「成熟」の未来像を示していく必要がある。

国民総幸福量……ブータン国王が提唱したこの概念は、心理的幸福、健康、教育、文化、環境、コミュニティ、統治、生活水準、余暇時間の使い方の九つの指標から成る。

文明が文明を殺戮する

二〇一五年一二月

一月、今年の社会時評は、パリで発生した凄惨なテロ事件を考えるところから始まった。シャルリー・エブド社の風刺漫画家らが殺害された事件である。だが、同じ年の最後の月の時評が、再びパリで発生した、しかも一月の事件をはるかに上回る凄惨な事件で締めくくられることになるとは予想していなかった。どちらの事件も、最も被害が激しかったのはパリ一一区、日本で言えば東京の原宿・表参道のような若者文化の中心地である。渋谷のスクランブル交差点でも六本木ヒルズでもいい、そんな華やかな場所で大規模な銃乱射事件が起きたとしたら、その衝撃は甚大だ。

一月、私は「西欧社会で見通しもなく劣位に置かれてきた少数派は、グローバル化で低くなった国境の壁を容易に越えて中東に渡り、軍事訓練を受けて帰国する。だから一つのテロの容疑者が逮捕されても、また別のテロが生じるリスクは消えない」と書いた。それからわずか一〇カ月で、リスクは現実となった。

この事件を受け、EU諸国が荒廃した母国から逃れてくるシリア難民に対し国境を閉ざすのは間違っている。なぜなら、事件は二重、三重に欧米社会の内側に起因しているからだ。事件の首謀者とされるのは二八歳のモロッコ系ベルギー人で、ブリュッセルの有名高校を中退していた。二〇一四年にシリアに渡航、「イスラム国（IS）」に参加したらしい。他の仲間もパリ郊外に育った若者たちで、西欧社会の中での彼らの周縁性がテロとの結びつきを生んでいる。

しかも、一体誰が今日のシリアの絶望を作り出したのか。〇一年九月一一日の衝撃的事件を受け、当時のブッシュ米大統領は「テロとの戦争」を宣言、アルカイダとの関係が不明なまま、イラクから独裁者サダム・フセインを排除すれば中東は民主化するとの思い込みにとらわれ戦争を開始した。イラク戦争によりフセインは排除されたが、米国は代替的な秩序の確立に失敗した。イラクには混乱だけが残り、それはシリアも巻き込み制御不能の内戦状態となった。今後各国の軍事介入で「イスラム国」が崩壊しても、この地域に安定的秩序が形成される見通しがない。米政権の蛮行ともいえる歴史的失策が中東に絶望を生んできたのだ。

荒廃しきったシリアでアサド政権が生き延び、「イスラム国」が勢力を増大させてきたのは、戦争で地域全体の秩序が崩壊してしまったことに由来している。米国には、この崩壊に大きな責任がある。「イスラム国」は、イラク戦争の混乱の渦中で誕生し、その混乱の養分を吸い成長してきた怪物である。彼らを支えているのは先進国に輸出される石油である。「イスラム国」は東部シリアの油田地帯に拠点を置き、簡易精製された石油を業者に売りさばいている。精製のための技術者や経理専門家を高給で雇い、市場を分析して毎日莫大な利益を上げているという。この石油からの利益が、彼らの残忍な暴力を持続させている。

しかも今回、なぜパリが狙われたのか。理由は簡単、そこがフランスで最も世界から注目される場所だからだ。世界の〈眼《め》〉は、膨大なカメラとメディアの体制により地政学的に構造化されている。その中心に位置するのが、ニューヨークの世界貿易センタービルであり、パリの観光名所であった。グローバルな視座を持ち、各地で周縁化されている人々の支持を集めようとするテロリストは、そうした国際的「檜舞台《ひのきぶたい》」で衝撃的な事件を起こす。

実際、パリ事件の前日、レバノンの首都ベイルートでもテロ攻撃により四三人が犠牲になり、一週間後には西アフリカ・マリの首都バマコで高級ホテルが襲撃され、約二〇人が犠牲になった。しかし、これらの事件の衝撃は、パリの事件よりもずっと小さかった。「パリ」という舞台が、「テロ」という行為を、「世界」の観客に向けて衝撃的に上演させるのだ。

つまり今回の事件が示すのは、「文明」の外からの「野蛮」の攻撃ではなく、文明自体の野蛮である。グローバル化とネット社会は、文明そのものが育む暴力を世界に拡散させ、同時に結集させる。そうした暴力を手なずけるのは、「テロとの戦争」ではもちろんないし、排除や周縁化でもなく、文明内部での時間をかけた対話と和解の積み重ねでしかない。

第四章
仮想のグローバルディストピア

2016年1月～12月

ポケモンGOに興じる人々（写真提供／共同通信社）

一九五〇年代を演じる北朝鮮

二〇一六年一月

昨年末の従軍慰安婦をめぐる日韓合意から約一〇日後、北朝鮮は「水爆」実験を「安全かつ完璧に」成功させたと発表した。それ以前に金正恩《キムジョンウン》第一書記は、今や自国は「核爆弾、水素爆弾の巨大な爆発音をとどろかせることのできる強大な核保有国」だと発言していたから、兆候はあった。「水爆」という主張は疑わしいが、見えすいた虚勢を張ってでも、北朝鮮は核保有に固執している。

日韓合意と核実験に直接の関係はないが、さりとて無関係でもない。北朝鮮の政権は不安定で、暴発と崩壊のリスクは小さくないとされている。何らかの「事態」が生じたとき、北東アジアに生じる混乱を最小限に抑えるため、米日韓は一体であらねばならないと米政府は考えている。北朝鮮の不安定性は、日韓をいがみあっていられない状況に追い込む理由となる。

こうして今回は、日韓それぞれの政権で「大人」の判断が働いた。他方、北朝鮮の核へのこだわりは尋常ではない。外交上のリスクや対中関係を悪化させることも顧みず四度目の核実験を予告なしに強行した。核保有は、「北朝鮮を敵視する米国に対抗する抑止力」というのが彼らの主張で、水爆実験を成功させて核弾頭を小型化し、また大陸間弾道ミサイルも開発して

「核」の力で米国に並ぶことで平和協定を締結、金体制に米国のお墨付きを与えるというのが北朝鮮の戦略だが、この戦略は根本で米国の出方に依存している。

冷静に考えれば、これは無理筋である。しかも金第一書記は、彼の後見人で中国とのパイプ役だった叔父張成沢《チャンソンテク》を処刑し、ロシアや韓国とのパイプ役や一〇〇人を超える幹部をすでに粛清したともされている。自らの政権の支えを排除した先にあるのは、腹心を殺した後のマクベスの未来なのか。魔女たちの予言通り、バーナムの森が動くとき、マクベスは滅びる。

他方、金政権は遊園地やスキー場を相次いで建設するなど、北朝鮮の人々の現状からかけ離れた政策も重ねている。このままいけば、ディズニーランドだって作りかねない。

これが、必ずしも冗談ともいえないのだ。昨年一二月一二日、中朝関係改善の布石とみられた牡丹峰《モランボン》楽団の北京公演で、ステージの背景映像にミサイル発射の場面が使われていたことを中国側が問題視、これに反発した北朝鮮側は公演を中止して楽団を帰国させた。金第一書記が核実験の実施命令を下したのは、その三日後とされる。この牡丹峰楽団は、金第一書記の肝いりの楽団で、その演奏の一部はネットで視聴できる。主に五人の美人女性歌手がミニスカート姿で歌い、踊る。演奏もすべて女性でかなり上手《うま》い。歌詞の中身は北朝鮮の体制賛美だが、メロディーや振り付けは完全にポップス。K－POPの別バージョンとも言うべきか。

驚嘆すべきことに、彼女たちはディズニーも歌う。「イッツ・ア・スモール・ワールド」をはじめ、代表的なディズニー・ソングを次々に歌い、ミッキーマウスやくまのプーさんが踊る。

彼女たちが歌うのは、「北朝鮮」なのか、「アメリカ」なのか、その倒錯に眩暈《めまい》がする。

数年前に観た「シネマパラダイス・ピョンヤン」というドキュメンタリーは、映画がいかに北朝鮮の政治的リアリティと一体化しているかを伝えていた。平壌《ピョンヤン》には一〇〇万平方メートルの巨大撮影所があり、植民地期の日本人街や欧米の街並みが精巧に再現されている。だから「映画を撮るために外国に行く必要がない」と撮影所の監督は自慢げに語っていた。北朝鮮人民が生きるべき現実は、映画のなかに実現しているのだ。

ディズニーも、ハリウッドも、水爆も、一九五〇年代が全盛である。五〇年代は、東西冷戦が核開発競争の形をとった時代で、ひょっとすると北朝鮮の体制が依拠する価値観は、この時代で止まっているのではないか。金正恩第一書記は、尊敬する祖父・金日成《イルソン》主席に髪形や体形、身ぶりを似せる。彼もまた一人の五〇年代を演じる俳優なのだ。「水爆」は、そうした彼らに受け入れやすいシンボルであろう。だが、二一世紀を生きる私たちは、五〇年代の核の恐怖が、再び浮上することをまったく望んではいない。


慰安婦をめぐる日韓合意……二〇一五年一二月、日韓外相会談で結ばれた従軍慰安婦をめぐる合意。この発表により、慰安婦問題が「最終的かつ不可逆的に解決されること」を確認した。しかし、韓国側の反発も根強い。

震災からの復興という時間尺度

二〇一六年二月

あの日から五年の歳月が過ぎようとしている。本欄はこれまで、何度となく「あの日」、つまり東日本大震災の歴史的重要性について論じてきた。震災から約二年後、私は震災と原発事故の重大性から目を逸らすなら、未来への展望は見失われると書いた。

さらに震災から四年後、大災害は忘れたころにやって来ること、それは地球の時間と人間の時間が異なるからであることを示した。私たちは人間の時間を生きているから、地球の時間の広がりを忘れがちになる。しかし、前者は後者の内にあり、地球の時間の痕跡を、人間の時間の随所に刻んでおくことが必要なのだ。

五年の歳月は、土木事業には程よい長さであろう。実際、これまでの国の復興事業を振り返ると、二六兆円を超える莫大な予算が投下され、その大半はインフラ整備に使われたため、新しい幹線道路や港湾施設、巨大堤防の建設はかなり進んだ。高台造成事業も、果たしてその高台にどれだけの人が住むかの見通しを欠いたまま大規模に進んでいる。

一時、民主党政権が掲げた「コンクリートから人へ」のスローガンはすっかり忘れられ、「震災復興」と「成長戦略」という錦の御旗《みはた》の下で大規模なコンクリートへの回帰が進んだ。

そして、その復興＝成長のためのカンフル剤の集中注入期間が、もうすぐ五年で終わる。国は、インフラ造りまでは面倒見るから、あとは自分で稼ぎなさいと言いたそうだ。

しかし、五年の歳月は、土木事業には適していても、産業振興や生活の安定化、人々の心の問題の解決や文化の醸成のためにはまったく不適切な長さでしかない。地球の時間と人間の時間が異なるだけでなく、インフラ建設の時間と社会形成の時間も異なるのだ。

どれだけの時間が必要なのか。おそらく産業振興や生活の安定化に必要なのは一〇年から二〇年だろう。新しい世代が成長し、その社会の中核を担う文化の醸成や継承にはもっと時間がかかる。大雑把に言って三〇年以上。つまり子どもたちが成長して親世代にとって代わっていくほどの時間が必要である。震災後に生まれた世代が、先行諸世代とは異なる感性で災後の社会を生き、その中核を担っていくようにならなければならないからだ。

しかも、そもそも福島第一原発の廃炉には三〇～四〇年かかるという。つまり、日本社会が「あの日」の衝撃を本当に脱するのは二一世紀半ばなのである。そうした時間の長さに照らすなら、たかだか五年で問題が片づくはずがない。覚悟を固め、四〇年後にどんな社会を築くのかという明確なビジョンをもって復興事業を進めることのほうが大切だ。その中で被災の経験を未来の糧にする方法を見つけること。本来、それがこの五年間の課題だったはずだ。

ところがここ数年、あれほど痛烈だったはずの震災の記憶が、人々の意識から急速に薄れてきた。マスコミも、もはや震災も原発事故も売れ筋ではないと考えているらしい。驚くべき健忘症のなかで、人々はますます自分を見失っていく。今、大方の関心は、アベノミクスや東京オリンピックの経済効果であり、就職率や老後の不安かもしれない。要するに、日本人は自分の経済的な利益のことしか考えられなくなってしまった。貧すれば鈍す、である。

こうした劣化に抗し、未来への展望を拓《ひら》くには、より長いスパンの時間を社会に埋め込んでいく仕掛けが必要である。教育には相変わらず大きな使命があるが、メディアの役割も欠かせない。さらに多数のアーカイブを育てていくことが重要だ。それらは地域的に分散した人々の記憶をつなぎ、被災の記憶を地球規模の共有知にしていくのを可能にする。

震災から五年を経て、必要なのは復興事業の成果を数え上げることではないし、五年も経《た》ってこれしか進んでいないとの非難でもない。東北の未来は、日本の未来と表裏をなす。だから、私たちが原発事故の後遺症からようやく脱する二一世紀半ばを見据えて過去五年を検証し、社会や文化の復興に向けた仕切り直しをしていく必要があるのである。

メディアが生んだトランプ現象

二〇一六年三月

その人物は、超大国アメリカの大統領の座に近づきつつあるかに見える。少なくとも、共和党大統領候補となることは有力視されている。だがこの人物は、イスラム教徒の米国入国禁止を提案し、撤回はしたもののテロ容疑者に対する拷問やテロリスト家族の殺害まで主張した。「メキシコは、麻薬密売人やレイプ犯を米国に送り込む」と発言し、移民、女性、退役軍人など弱い立場の者を誹謗し、外交政策の助言はテレビの討論番組から得ると答える。その暴言度は、どこかの国の漫画好きの財務大臣の比ではない。

四年前にも、彼は「(オバマ大統領の)市民権は本物かどうか疑惑がある」とテレビで発言し、司会者が「ハワイ生まれで問題ない」と否定すると、「あなたは取り込まれている」と噛《か》みついた前歴がある。おそらく彼は、「ハワイは米国ではない」との観念を持っているのだろう。米国白人層に根深い人種主義が、彼の発言の随所に顔をのぞかせる。主要メディアは、彼は詐欺師だと評し、海外の識者は、彼が「道化師で扇動者で人種差別主義者」だと言う。驚くべきは、これほど悪評の人物が、共和党予備選で大きな支持を獲得し続けていることだ。

鍵は、テレビとその視聴者の不安が共振する関係にある。彼、ドナルド・トランプは、投機性の強い不動産業で成功しただけでなく、人気テレビ番組の司会者をつとめ、出演者に「お前はクビだ」の決めゼリフを繰り返してきた。短い言葉と大げさな身ぶりで問題を単純化し、対立を演出し、「敵」の像を構築する。彼は、テレビが生み出した怪物である。

彼は暴言を繰り返すが、それが生む効果も計算している。視聴者からすれば、その「暴言」は、ルールに縛られずに本音を語る人物との印象を生む。「難しいことはわからないが、実は俺もそう思っていた」という酒場の政治談議と同じである。当然、「暴言」は物議を醸し、批判が続出する。しかし彼は悪びれずに批判し返す。米メディアは面白がって論争を連日追いかけるから、彼への注目度は上がる。計算された狡猾な戦略である。

彼は四一歳で出した自伝で、マスコミは「いつも記事に飢えており、センセーショナルな話ほど受ける」と述べていた。だから「人と違ったり、少々出しゃばったり、大胆なことや物議をかもすようなことをすれば、マスコミがとりあげてくれる」。彼は意図的にこのマスコミの性質を利用してきたのであり、その結果、「個人的には不愉快に感じるような批判的な記事でも、ビジネスには大いに役立つ」ことがわかったという（『トランプ自伝』相原真理子訳、ちくま文庫）。

インターネットも、この人物への支持を拡大させている。ネットの世界では、ユーザーの傾向に応じた情報回路の分断が進んでいる。保守系は保守系、革新系は革新系のサイトばかりにアクセスし、それぞれが自分こそ「普通」だと思い込む。実際、ひどい暴言でもトランプのツイッターでのつぶやきは、瞬く間に全米に広がり、支持者は増えたという。

さらに、トランプ現象を支えているのは地方ラジオ局の保守系トーク番組である。米国社会に深く根を張る地方ラジオ局には既成勢力への不満が渦巻く。既成の権威に歯向かうトランプの態度は、地方局の保守系リスナーの鬱積した感情を刺激する。

トランプの場合、支持の核は低賃金で学歴の低い白人男性とされる。共和党支持者で大卒以上のトランプ支持は二割弱だが、それ未満の学歴では五割近い。彼は、「自分は見捨てられている」と不安や絶望を感じている膨大な白人層の気分を代弁する言葉を発してきた。

要点は、「移民」と「年金」、外への開放性と内の生活保障である。彼は、移民やマイノリティーに徹底的に非寛容な政策を掲げ、同時に低賃金白人層の生活保障を強調する。他者への非寛容ぶりは他の共和党候補と同類だが、共和党の既存候補は高学歴富裕層に配慮するのに対し、トランプはエリートを攻撃し、非富裕層の立場に立つそぶりを見せる。

かつて、「大衆」に対する「分衆」が肯定的に語られた時代があったが、今は分断された大衆が各々閉じて相手にレッテルを貼り、衝突する。メディアのアルゴリズミックな変容と結びついたこの分衆化は、対話の不在ゆえに世界の劣化をさらに進めてしまうだろう。

民進党に問われる「民主」の中身

二〇一六年四月

「民主党」が消えた。一九九六年の結成から二〇年の命だった。誕生から一三年で政権を得、失敗と不運の中で三年後に下野。「期待」と「失望」の二語ほど同党に合う言葉はなく、歴史的にもそう評価されるだろう。民主党の「失敗」要因は、すでにさまざまに分析されている。なかでも前田幸男らの『統治の条件――民主党に見る政権運営と党内統治』（千倉書房）は、豊富な統計データを駆使して民主党の政権運営がなぜ挫折したのかを示した好著である。

前田らは、民主党政権挫折の最大要因は、首相個人の資質や官僚との関係悪化、国会運営の稚拙さではなかったという。民主党は結党以来、政策立案を中枢の議員が担うなど集権的な傾向を持っていた。党の発展期はそれでもいいが、半面、政策形成に関与できない議員にとって党に属する利益は薄くなりがちだった。特に、政策が議員の利害に直結する政権担当期、意思決定方法について実質的な共通了解がなかった。対立があっても一つの党として意思統一していく仕組みがないまま政権を担い、ばらばらなものがますますばらばらになった。

政党が一枚岩でないのは当然で、さまざまな異なる立場や利害を調整しながら一つの流れを導き出していくのが政治である。だから当然、政治には表の討論だけでなく、無数の裏の根回しや思惑が交錯する。そうした複雑で手間のかかるプロセスをいかにバランス良く、しかも信念を曲げずにやり通せるかが政治家の力量となるが、個人的力量以上にこのプロセスをいかに制度として確立しているかが政党のしぶとさとなる。

民主党にはこの基盤が欠落していた。その結果、実現できないマニフェストは、その手法自体の信用を失墜させ、政治主導は空回りして露骨な官僚主導に終わることになった。

銘記すべきなのは、民主党の挫折は、目標の失敗ではなく方法の失敗に起因していたことである。民主党への「期待」は、彼らが掲げた目標への国民の同意であった。民主党への「失望」は、彼らがその目標を達成する力量を欠いていることが、日を追うごとに露呈していったことへの絶望であったように思われる。

今回の新党名に関し、民主党の面々は「民主」を残すことにこだわったという。しかし戦後日本において、政党名としての「民主」は形骸化し続けてきた。戦後初の「民主党」は、四七年に生まれた民主党だが、前身の日本進歩党は、かつての大政翼賛会議員を母体とし、国体護持や帝国憲法擁護を主張していた。その日本進歩党と吉田茂に不満を抱く芦田均《あしだひとし》らが糾合して民主党となり、芦田連立内閣を誕生させたのだ。

やがて離合集散を経て民主党と自由党の流れが合流して自由「民主」党（自民党）が生まれ、民主党と連立した社会党も分裂して右派中心に「民主」社会党（民社党）が生まれた。戦後日本の政党は、その実に多くが「民主」を掲げてきたのである。

だから肝要なのは、「民主」の言葉ではなく、「民主」の中身である。その意味で、民主党が政権獲得時に掲げた「コンクリートから人へ」が間違っていたとは思えない。巨大なダムや原発や道路や堤防の建設に投資するのではなく、人にこそ投資すべきだ。この方針に民意は共感したのだし、コンクリートへの莫大な投資に対する反発は、昨夏の新国立競技場問題を振り返っても今も国民に強い。方法の失敗を目標の失敗と勘違いすべきではない。

いうまでもなく、「投資」と「ばらまき」は異なる。「投資」がいかに質の高い人づくりを生み、社会全体に持続可能な豊かさをもたらすのかを、財務省の役人も唸るほどの説得力で示せなければならない。つまり「民」そのもののクオリティーを高めていく明確な計画が必要だし、その戦略的な組織化も必須である。それには新しい教育、福祉、地域づくりの概念が枢要なはずだ。しかも目標に向けた意思統一の巧妙な仕組みも不可欠である。新生民進党がそうした課題を解決できなければ、どれほど「格差是正」や「共生」を掲げて議席を多少増やしても、やがて民主党と同じ挫折を経験することになるだろう。

「パナマ文書」とビッグデータ時代の調査報道

二〇一六年五月

世界の不平等化はとどまるところを知らない。一方には不動産やIT、金融で巨万の富をつかむ少数者。他方には激しい景気変動と社会の不安定化の中で貧困化する膨大な数の人々。グローバル化に適切な対応ができなければ、国の力は確実に衰える。財政は厳しさを増し、福祉は削られ、国民の負担は増す。だが、そうした政策を指揮する指導者が、裏で自ら「タックスヘイブン（租税回避地）」を使って税を回避していたら、国民の怒りは爆発して当然だ。

今回、「パナマ文書」の膨大なデータの分析結果が公開されたことの歴史的意義は、そうした偽善だらけの世界の裏を、誰も否定できない証拠によって白日の下に晒《さら》したことだ。

二〇一三年のG8サミット議長として「課税を逃れたがる者に隠れる場所はない」と租税回避への取り締まり強化を訴えてきた英国のキャメロン首相は、自らがまさにその回避地に投資していたことを認めた。「腐敗摘発」で権力を強化してきた中国の習近平《しゅうきんぺい》主席の場合、義兄が回避地の複数のペーパーカンパニーの株主だった。ロシアのプーチン大統領と親密な人物は二〇〇〇億円以上の資金取引に回避地を使っていた。問題含みの取引が発覚したアイスランド首相は辞任したが、同様の疑惑は各国の政治家や官僚一四〇人に及ぶ。

こうした親族を含む回避地利用者にはシリアのアサド大統領のような人物も含まれる。彼は欧米から経済制裁を受けても、回避地を使って軍用機の燃料を輸入して空爆を続け、多くの市民を殺害してきたのではないかとされる。北朝鮮も回避地にペーパーカンパニーを設立し、経済制裁をかいくぐり核開発経費を調達してきたらしい。

違法であろうがなかろうが、これらは明白に不正義である。それも、とんでもない規模の不正義で、世界のモラルはすでに壊れてしまった。

「タックスヘイブン」による税回避は、今日の世界で決して周縁的な事象ではない。私企業ではすでに大々的に行われてきた行為である。欧州委員会や海外報道によるなら、過去にはアップルが税率の低い国で優遇措置を受けて三五パーセントの税率を二パーセントに下げ、スターバックスは英国で三年間、法人税を払っていなかったと指摘されたという。一般には社会的な意識が高いと思われている企業ですらこんな具合なのだ。こうして多くの多国籍企業は莫大な利益を「タックスヘイブン」によって蓄えており、それをどこの国の政府も回収できていない。グローバル資本はますます富み、国民国家はますます力を失う。ナショナリズムの声高な叫びは事態の複雑な構造を理解できず、まったく無力である。

そうした中、今回、リークされた情報を精密に分析し、衝撃的な事実を次々に明らかにした国際調査報道ジャーナリスト連合（ＩＣＩＪ）の活動は称賛に値する。今回の出来事で特筆されるのは、第一に、顧客一万四〇〇〇、設立されたペーパーカンパニー二一万社、一〇〇〇万を超える過去四〇年間の内部文書がごっそり流出したこと自体である。デジタル時代でなければあり得ないリークだった。

第二に、巨大な情報を数年で解析、世界の指導者や企業の暗部を照らし出した調査報道の技術に瞠目《どうもく》したい。ＩＣＩＪは専用データベースを構築、画像情報はＯＣＲ（光学式文字読み取り装置）でテキストデータ化して検索可能にし、情報の構造化と解析を進めた。高度なコンピュータ技術が調査報道にどれほど大きな可能性をもたらすのかを実証したのだ。

そして、この調査報道を実現させたのは、世界六五カ国、約一九〇人のジャーナリストが参加する連合体だった。今日、情報はグローバルに結ばれている。スノーデン事件が示したように、世界の通信網に流れる膨大なデータは大国の軍事部門に解析されている。だが、その膨大な情報をジャーナリストたちの国際連携が分析するならば、まったく新しい報道の地平も浮上するのだ。不平等と不正義、混乱に満ちた世界のなかでも、ここに一つの希望がある。

パナマ文書……パナマの法律事務所「モサック・フォンセカ」から流出した文書データであるためそう呼ばれる。パナマでは国内の収益のみに課税されるため、外国資本がペーパーカンパニーによって税を逃れることができる。モサック・フォンセカはペーパーカンパニーを作る法律事務所として知られ、世界に四〇以上の支店を持ち、五〇〇人以上の従業員を抱える。

オバマ大統領の広島演説　理想を語る言葉の力

二〇一六年六月

「七一年前、碧天《へきてん》の朝、空から死が降ってきた。閃光《せんこう》と劫火《ごうか》が都市を破壊し、人類は自らを滅ぼす手段を手に入れたのを知る。世界が変わってしまったのだ」。現職の米大統領バラク・オバマの広島演説は、そう広島の被爆者と全世界の人々に語りかけることから始まった。

この演説の草稿に、大統領は自ら何度も手を加えたという。彼自身にも、広島訪問は特別な意味を持っていたからだ。大学生のころ、「戦争指向のメンタリティを打ち壊す」との論文を書いていた青年は、米大統領として世界政治の中心に立った後も、核兵器廃絶の必要性を訴え続けた。その頂点が、二〇〇九年四月のプラハ演説だった。あの時、彼の言葉には勢いとユーモアがあり、聴衆を熱狂に巻き込む魅力に溢れていた。

彼の演説の特徴は、いつも自ら相手の心に近づくところにある。バランスが崩れないぎりぎりの線で、オバマは相手の側に立つ。プラハで彼はチェコの英雄を称え、「サメトバ・レボルース（ビロード革命）」とチェコ語で語り、広島に先立って訪れたハノイでは「ブンチャー（ベトナム式つけ麺）」の話題で聴衆を沸かせ、広島でも「ヒバクシャ」を日本語で発した。相手の心情に寄り添うため、彼は相手国の言葉を使う。

プラハから七年後の広島演説は、「問い」と「答え」から成る。「我々はなぜ広島に来たのか?」が問いである。「私は」ではなく、「我々は」である。オバマは演説で「I（私）」ではなく「We（我々）」を使う。この主語により、個人よりも大きな存在と共にあることが示唆される。「イエス・ウィ・キャン」は、決して「イエス・アイ・キャン」ではない。

彼は、第二次大戦で約六〇〇〇万人が撃たれ、殴られ、爆撃され、ガス室に送られ犠牲となり、広島と長崎で残酷な結末を迎えたと語った。「残酷な結末」とは「brutal end」で、オバマは珍しく詰まりつつこの言葉を発した。「謝罪」云々《うんぬん》はともかく、原爆投下への彼の認識は、この言葉の用法に表現されている。

科学技術の発展は、かつてない規模で効率的な人間の殺戮を可能にした。核兵器は、道徳上の革命を伴わなければ、人類を破滅させるだろう。広島はその「真実」を教えてくれる場所である。我々は街の中心に立ち、原爆投下の瞬間を想像し、無数の死に耳を傾ける。この過去の想起が我々の道徳的な想像力を刺激し、独善と戦うことを可能にするのだ。「だからこそ、我々は広島を訪れる」と、オバマは「答え」を示した。

これは明らかに認識の深まりである。半世紀前、原爆投下を指令したトルーマン元大統領のもとを訪れた被爆者たちに、元大統領は、原爆投下は「必要なこと」で、米国だけが「かつての敵国の復興を支援」したのであり、そもそも「日本人は米国の敵だったのではなく、日本人が自分たちは米国の敵だと思っていただけ」だと傲然と言い放った。

半世紀後、オバマが見る風景はトルーマンのそれとは根本的に異なる。彼は「プラハの春」の地で核兵器廃絶を宣言し、ベトナム戦争の過去を超えてホー・チ・ミンのベトナム独立宣言とジェファソンのアメリカ独立宣言の共通性を思い起こさせた。キューバとの国交回復も含め、彼は一貫して冷戦終結後の新たな世界の創造を目指してきた。広島と長崎には、「我々自身の道徳的な目覚めの始まり」という未来があるとの最後の言葉には、ポスト冷戦を大国間の覇権闘争ではなく、協調して未来を築く人倫の時代にしようという希望が表明されている。

一部には、言葉よりも実行だとの批判がある。だが、未来を先取りし、現実を超える力を持つのは、やはり理想を語り、人の心を動かす言葉なのだ。言葉への信頼を失った今の日本にはびこるのは、無節操な拝金主義と過剰な規則順守主義である。マネーとコンプライアンスで我々は自らの首を絞める。挫折を経つつプラハから広島へ持続するオバマの意志は、言葉への信頼こそ未来への希望だとあらためて教えてくれる。

原爆ドームを背に演説するオバマ大統領
（写真提供／共同通信社）

混迷する都政に求められる「持続可能性」への転換

二〇一六年七月

参院選が終わり、世の関心は東京都知事選に移った。相次ぐ知事の失脚で、首都の未来は未だ見えない。今日の都政混迷の原点は、二一年前、一九九五年の知事選にある。一六年間続いた鈴木都政の継承を掲げ、石原信雄前内閣官房副長官が自民、社会、公明などの推薦で出馬。通例ならこれだけ諸党相乗りの候補が勝たないはずはなかった。だが、タレントで参院議員の青島幸男が突然立候補、テレビで十分に「顔をさらしてきた。はっきりものを申し上げるだけで十分」と、ほぼ選挙運動なしに無党派層の圧倒的支持で当選した。

この選挙では、「政党」対「無党派」と「官僚」対「有名人」という二つの構図が重なった。その結果、無党派＝有名人が政党＝官僚に圧勝したのだ。だが、こうして無党派大衆の支持で始まった青島都政の結末は惨憺《さんたん》たるものだった。当選後、公約を守り世界都市博中止は決めたものの、信組破綻には巨額の財政支援を認め、「都政から隠しごとをなくす」はずが情報公開も進まなかった。

無党派の大衆的支持を得た有名人が知事になっても、議会の支持勢力や有能なブレーンがいなければかえって官僚に依存せざるを得なくなる。議員を選ぶのと、大組織の長を選ぶのは違う。青島知事は既定路線に「ノー」を言って選ばれたものの、知事としての政策も、それを独自に構想する能力もなかった。やがて彼は、都庁の有能な官僚が敷く道の上を歩くのが最も確実なことに気づく。これは、多くの都民が実績や政策ではなく、「青島がなれば面白くなる」という理由で投票した結果だった。

四年後、都庁の「意地悪ばあさん」になると思った人物が「操り人形」と化したと考えた都民は、同じ反既成政党でも反官僚の「強さ」も発揮してくれそうな人物を求めた。この時には候補者が乱立したが、立候補した石原慎太郎は「国民ははっきりした強いメッセージを求めている」と、舛添《ますぞえ》要一は「リーダーの顔が見える都政にする」と主張し、二人が流れをリードした。大衆の不安と「強いリーダーシップ」を結ぶのは、ポピュリズムの常套《じょうとう》手段である。

こうして一三年に及ぶ石原都政は、青島から「無党派」を引き継ぎ、その「弱さ」を否定することで始まった。突然の石原辞任を受けて選ばれた猪瀬《いのせ》直樹知事、またその辞任を受けた舛添知事の挫折は、石原都政が内在させていた問題の露呈という面が強い。猪瀬が足をすくわれた徳洲会《とくしゅうかい》との関係にしても、もともと石原との懇意な関係があったからだとされる。舛添の豪華な海外出張にしても、石原都政で常態化していた。

九〇年代は、「市民」台頭の時代だった。東京や大阪の知事選をはじめ、多くの状況を旧来の政党政治とは異なる地平に現れた市民が動かした。しかし、やがて市民の政治はその基盤の弱さをさらけ出す。これは、後に政権を獲得した民主党も同じであった。そうした惨《みじ》めな結果を見て、人々は、「強いリーダーシップ」を選択する。市民の時代からポピュリズムの時代への転換である。果たしてこの政治の先に未来はあるのか。九〇年代以降、日本社会はポスト成長時代のこの国が何を目指すべきなのかを合意してこなかった。だから人々は「強そうな指導者」にしがみつくしかなくなるのである。

しかし、歴史の流れは明快だ。今日まず必要なのは「開発／反開発」の政治から「持続可能性」の政治への転換のはずである。ポスト東京五輪期に誕生した美濃部都政は「反開発」の政治だった。その美濃部都政を否定した鈴木都政は「開発」の政治。ところが青島都政以降、方向が定まらない。日本は成長経済から循環型経済に転換しつつあるのに、新しい方向転換に合意できていない。

求められる「持続可能性」は、環境のみならず、少子高齢化、情報、防災、地方の持続可能性との連携などのすべてを包摂したものである。二〇二〇年の東京五輪は、そうした日本の方向転換を世界に示すとともに、東京都という巨大な組織体を自己革新していく機会となろう。政党か無党派か、官僚か民間かの違いなど些細《ささい》なことで、歴史の大変化の中でこのパラダイム転換を実現することを市民と政党、官僚の真摯な共通課題とすべきなのだ。

「ポケモンGO」と空間の混乱　現実と仮想

二〇一六年八月

案の定、「ポケモンGO（ゴー）」は日本でも大流行だ。このこと自体は、配信前から予想されており驚きはない。かつてのポケモンブームを子供のころに経験した世代が二〇代になり、流行を支えているとの説もある。たしかにこれだけ爆発的なヒットには、「ポケモン」だからという面もあろう。しかし、ブームで各地に生じた反応や事件は、同様のソフトが日常により広く浸透した時に起こるであろう変容も予感させる。

日本に先駆け配信が始まった海外では、二人のカナダ人がゲーム中に誤って米国との国境を越えて拘束された。米中西部では、女子高生らがポケモンを探して原発敷地内に入った。スペインでは、日本人観光客がポケモンを探して高速道路のトンネルに入り救出された。ボスニア・ヘルツェゴビナでは、地雷撤去に取り組む団体が、ゲーム利用者が危険地帯に侵入していると警告を発した。いずれも仮想世界に没入するプレーヤーが現実世界の境界を侵犯した例だ。

さらに、宗教や慰霊の施設ではどうか。米国では、アーリントン墓地やホロコースト記念博物館でゲームをすることに批判の声が上がった。日本でも、広島や長崎の慰霊施設ではゲームへの拒否反応が強い。寺社の場合、境内での利用を禁止する例もあるが、境内にスマホ用充電器を置き、若者に寺に足を運んでもらう一助にしようとする例もある。

なぜ、各地で多様な反応が多発するのか。一言でいえば、原因は空間の混乱にある。異なる空間が同じ場所に重なって存在していると言うべきだろうか。ポケモンＧＯのプレーヤーが国境も聖域も容易に踏み越えてしまうのは、彼らが通常とは異なる空間の定義を生きるからである。この混乱には歴史があり、すでに一九世紀末には始まっていた。

一九世紀末、電話が遠く離れた人の声を身近に出現させた時、人々は、それなら死者との対話も可能なのではないかとか、モノも瞬間移動できるのではないかと夢想した。時空の遠近感覚に混乱が生じたのだ。やがてこの混乱は、社会の至る所に拡散していく。当初、庶民は郵便局に行かなければ電話をできなかったが、やがて電話は家々に引かれ、玄関先から居間へ移動、さらに子供部屋まで子機が置かれていく。今では誰もが携帯電話で会話を続ける。

他方、肖像画や肖像写真を別にすれば、他者の姿が人々の前に現れるのは映画からだ。映画館の中に閉じ込められていた遠く離れた他者（スター）の姿を、やがてテレビは家の中に持ち込み、テレビ電話は今日ではスマートフォンに変化している。

これら一世紀以上にわたり続いた遠近法の解体は、基本的には遠く離れた他者の声や姿の複製だった。これに対し、ポケモンＧＯが一挙に浸透させるのは、自己の近傍の複製である。位置情報システムに基づく拡張現実技術により、全地球を仮想のデータ空間に複製し、そのデータ空間が今、ここにいる私の近傍の風景として出現する。現実の空間の中に仮想の風景があり、この二重化が「見慣れた風景に溶け込んだポケモンを探す」経験を成り立たせていく。

そもそも来場者を仮想された風景の登場人物にしてしまう技術は、半世紀前にディズニーランドが開発したものだった。同ランドは、三次元の空間でありながらアニメと同じ二次元的構造を持ち、入場者はスクリーンの登場人物となる。その後、テーマパークで類似の技術が導入されていくが、それでも仮想される自己とキャラクターの関係は、仕切られた空間内で演じられてきた。

だが今やこの仕切りは失われ、いかなる場所も仮想の風景に変容可能となった。この変化は、もう止まらないだろう。観光地での「自撮り」写真と画像加工は、風景と自己の結びつきが仮想化している点で似た現象だ。この空間の混乱、地球上のさまざまな場所での現実と仮想の風景の二重化は、リスクであると同時に可能性でもある。

たとえば、ポケモンＧＯを観光に利用しようとする自治体があるが、それならむしろ、観光客をその地域の過去の遺産や祖霊、戦争や災害の痕跡と現地の風景の中で出会わせる仕組みを開発してほしい。新しい技術を大資本に依存するのではなく、地域独自の仕方で活用していくこと。それが、ポケモンＧＯの流行を超え私たちが構想すべき未来への提案だ。

ポケモンGO……拡張現実技術を利用したスマートフォン向けゲーム。現実空間にスマホをかざすと画面上にポケモンが表示される。プレーヤーはポケモンを捕獲したり、育成したりすることができる。

ゴジラの問い　シン・ゴジラの問い

二〇一六年九月

映画「シン・ゴジラ」が大ヒット中だ。前回論じた「ポケモンGO」が一九九〇年代のヒットの二〇年ぶりの復活なら、こちらは五四年の「ゴジラ」の約六〇年ぶりの復活である。もっとも八四年にもオリジナルを強く意識した「ゴジラ」が製作されているから、五四年のゴジラは約三〇年ごとに復活してきたことになる。子供のころに怪獣映画に熱狂した世代が、やがて同年代の子の親となって八四年のゴジラに再会し、さらに同年代の孫を持つようになって今夏のゴジラに再会している計算だ。安倍晋三首相が祖父岸信介元首相のイメージと重なるように、「シン・ゴジラ」にも五四年の「ゴジラ」からの隔世遺伝が多数現れている。

この映画が問うのが3・11、特に福島原発事故を経た日本の未来であることは、よほど鈍感な観客でなければ誰もが気づく。オリジナルのゴジラが広島・長崎の原爆、それに東京大空襲の記憶と結びつき、原爆を投下した米軍の隠喩だったのと同様、制御不能のゴジラは制御不能となった福島原発そのものである。

二つのゴジラの参照関係や政治ドラマとしての差異を論じることは難しくない。たとえば、政府の危機対応能力のなさを戯画的に描くのは同じでも、五四年版では国会が舞台だったのに、今回は首相官邸が舞台である。「官邸」ですべてが決まるかのイメージは、民主主義が人々の意識の中で薄らいでいることの表れか。

また、五四年版ではゴジラは原爆＝米軍自体だったので、当然ながら米軍は登場しなかった。今回の作品にも、五四年版が確信犯的に内包していた反米ナショナリズムの気配は感じられるが、同時に日系三世を通じて日本を救済する主体として米国は登場する。この六〇年間で、初代ゴジラを誕生させたかもしれない主犯の「アメリカ」は、すでに私たちの意識の深部に入り込んでおり、今度は首都の核攻撃と引き換えに脅威を粉砕してくれる存在として描かれることになる。だがその場合、ゴジラと共に東京も地上から姿を消すことになろう。これは、五四年版の反復といえる。

しかし、五四年版と二〇一六年版の最大の違いは、前者のゴジラが深海に消えたのに対し、今夏のゴジラは凍結状態のまま半永久的に東京のど真ん中に残り続ける点にある。ここまで来て、福島原発との重なりはあまりに明白だ。ゴジラに血液凝固剤を注入するシーンは、事故を起こした原発に海水や窒素を注入するシーンと重なる。そして半永久的に、廃炉後の福島原発は今の場所に残り続けるのだ。その廃炉後の原発の場所が福島ではなく東京都心だったら――。そんな問いを映画のラストシーンは観客に問う。

こうした意味で、五四年版のゴジラが過去の記憶を想起させるなら、シン・ゴジラは未来のリスクを体現している。日本社会は、もはやゴジラを深海に葬り去れない。大雨のたびに汚染水漏出を心配しつつ、出現してしまった「新しいゴジラ」を日常に抱え込み続けなければならないのだ。シン・ゴジラが日本列島から去っていくのは、脱原発が実現したとしても二一世紀後半の未来になろう。その場合でも、このシン・ゴジラはまだ一世紀以上、世界各地に拡散し続けるかもしれない。

もっとも旧ゴジラ型の核兵器にしても、未来のリスクであり続けている。そして今、北朝鮮による核実験のニュースが飛び込んできた。今回の実験は四五年に日本に投下された原爆に匹敵する規模だともされる。未来のゴジラは太平洋の彼方ではなく、日本海から来るのかもしれない。いずれにせよ、ここでは脅威の拡散と増殖こそ「新しい現実」である。

日本で原発からの送電が大々的に実現するのは七〇年の大阪万博からで、その万博で最初に考えられていたテーマは「光はいずこよりも来る」だった。平和で幸せな時代のイメージである。だが今や、私たちは「危険はいずこよりも来る」時代を生きている。冷戦期のように米ソ二国だけが脅威なのではない。グローバル化でそれまで光が当たることのなかった無数の周縁から新しい光が生まれる。それと表裏をなして、北朝鮮の核実験やテロの脅威から原発事故のリスクまで、無数のゴジラが突如として出現する未来がそこにある。

豊洲市場問題が映し出す日本の病

二〇一六年一〇月

豊洲市場問題に関する東京都の内部調査報告書を読んだ。マスコミからは内容に厳しい批判も出ているが、そんなことはない。短い時間しかなかったにもかかわらず、誠実な努力が感じられる報告書である。

そこからは、東京のみならず日本社会全体がかかっている深刻な病の実像が浮かび上がってくる。ポイントはこうだ。まず、豊洲新市場に関しては、二つの専門家の会議があった。一方は環境系の専門家四人による汚染対策の専門家会議、他方は土木系を中心により幅広い専門家七人の技術会議である。前者は土壌汚染問題の対策の提案が目的、後者はそれを踏まえ、新市場の汚染対策全体の策定が目的だった。

奇妙なことに、両会議は緊密な連携が必要なはずなのに、一人も委員が重なっていなかった。後者の誰一人として前者の議論を直接知らず、都の役人の説明に頼るほかなかった。そして、前者が敷地全体に盛り土をする提言をすると、後者では、それに加えて地下水質のモニタリング用「井戸」の設置が提案された。

ところが後者の会議と並行し、都の技術系職員は二〇〇九年の初頭、モニタリング等のための地下空間設置の検討を始めていた。その約半年前、石原慎太郎知事（当時）は、空洞のコンクリートの箱を地下に埋める案を検討するように職員に指示しているが、この指示と都の技術系による検討の関係は不明である。他方、この地下空間設置の議論が職員の間でなされていることを当時の市場長らは把握していなかった。その後も「盛り土」と「地下空間」の関係を総合的に考える視点を事業トップの市場長は欠落させてきた。

そして、地下空間の計画が既成事実化する一方で、盛り土は計画から外されていった。都の土木部長らはこの変化に気づいておらず、盛り土を前提に議会答弁を繰り返した。だが、それを横で聞いていた建築部長らは「盛土が無く地下空間となっていることを認識していた」。それでも彼らは、盛り土は土木の所管で建築の担当ではないと思っていた。

さらに都の市場当局は、同じ都の環境局に、盛り土をやめる変更を報告しなかった。そもそも豊洲市場の環境アセスメントは、盛り土を前提になされていたから、この変更はアセスメントの根幹を覆す。その認識が、市場当局にはなかったようだ。

これでは都は、一個の責任ある組織の体をなしていない。各部署が細分化し、孤立化し、自身の「サイロ」（ジリアン・テット著『サイロ・エフェクト　高度専門化社会の罠』文藝春秋）にしか興味を持たない。もしも本件で、誰か計画を意図的に変更させた真犯人がいるのなら、事態はこれほどに深刻ではない。だが、私たちの社会ははるかに深刻な病にかかっている。

実際、同様の事態が二〇年の東京オリンピックをめぐる諸問題でも、一一年の福島第一原発事故でも背景をなしてきた。後者では、原子力、電気、土木等の専門部署のサイロ化があれほどの「人災」を生じさせた重要な一要因だった。さらにはソニーや多くの日本企業の挫折にも、同様の「サイロ」化が作用していた。いずれの場合も、担当者が自分の職務に無責任だったのではない。各人は自分の部署のルールに従い、与えられた責任を果たす。だが、驚くほど全体的な展望に無関心で、情報の横断的共有が欠けていたのだ。

こんな状態が続く限り、日本はグローバル化にも新しいリスクにもまるで対応できない。各人が殻に閉じこもり、外の変化に気づかない。内部調査報告書は、今回の失敗が、上司と部下、異なる職種、技術系と事務系、前任者と後任者の連携に根本的な問題があった結果であり、組織運営の抜本的改革がなければ失敗は繰り返されると結論している。都政再建の根幹は、この深い反省から出発して殻に孔《あな》を穿ち、組織に横糸を通し、情報を共有化すること、その持続的な営みの中にしかない。本当は、オリンピックで浮かれていられる状況ではないのである。

豊洲市場問題……築地市場の豊洲市場への移転に関わって生じたさまざまな問題。二〇一六年八月、小池百合子都知事が「土壌汚染対策に不安が残る」として開場の延期を宣言。その後、豊洲市場建設に関する不備が発覚した。

トランプ政権、どうする日本

二〇一六年一一月

その男トランプは、対立候補が理路整然と米国の未来を語るのに対し、執拗《しつよう》に彼女にかみつき、毒づき、脅かし続けた。彼が繰り返したのは、米国は中国やメキシコに仕事を盗まれている、不法移民を排除し壁を築かなければ危ない、クリントン夫妻とオバマはアメリカに「大災害」をもたらした張本人だ、自分は空前の大減税を行うから豊かになる、との主張だった。

彼が約束したのは、一種の「悪魔払い」である。第一の悪魔は米国から仕事を奪う外国勢力。第二の悪魔は長くそれらの勢力を防いでこなかったワシントンの指導者。さらに米国内の黒人やイスラム教徒に潜む「悪い人々」が第三の悪魔。これらは米国に「大災害」をもたらすが、「大減税」という魔術が悪魔を追い払い、幸福をもたらすだろう、と。

彼は、三回のテレビ討論会で一貫して司会者の質問には答えず、都合が悪いことは露骨に話をそらした。彼は過去の誤りを認めず、相手の弱点は徹底的に攻撃した。オバマ大統領が米国生まれでないと主張したのは自分の「よい仕事」だった、ヒラリー・クリントンのメール問題は重大事件で、自分が政権を得たら「あなたは刑務所行きになる」と、まるで独裁者のような脅しをかけた。この人物に民主主義の感覚はない。

討論会では、彼が性差別的で人種差別的な考えを持ち続けていることも示された。彼は、元ミス・ユニバースが受賞後に太ると「ミス子豚」と呼び、中南米出身という理由で「ミス家政婦」と呼んだ。そのことが初回に批判されると、彼女の「セックス動画」が存在するかのようなツイートを始め、二回目の討論で司会者から「自制心の欠如」を指摘されると、「セックス動画を探せとは言っていない」と行動を全否定した。

彼が批判された「わいせつ会話」も氷山の一角にすぎないだろう。実際、討論中に彼はクリントン候補に「嫌な（ナスティ）女」という言葉を浴びせたが、「ナスティ」の語には「汚らわしい」「たちの悪い」といった人格否定的な含意がある。

『トランプ自伝』のゴーストライターをしていた人物は、一年半もの間、彼と行動を共にする中から見えてきたその実像を今年七月の「ニューヨーカー」誌で生々しく告白している。それによれば、トランプの最大の特徴は、「集中力というものがない」ことだ。彼は、「教室でじっとしていられない幼稚園児」のような存在で、自己顕示欲がすべてである。彼はまた本を読み通したことがないという。情報源は全部テレビ。そして何よりも、トランプは「口を開けば嘘をつく」。彼の嘘は「口から出まかせではなく計算ずく。人をだますことに何の良心の呵責《かしゃく》も感じていない」。そもそも彼は「事実かどうかということをまったく気にしない」。

これが、米国民が次期大統領に選んだ人物である。集中力がなく、平気で嘘をつき続ける人物が、世界の運命を決める核のボタンを握る。

選挙結果を最も喜んでいるのは、ロシアと中国、中東の一部の国だろう。プーチンにとってこれは朗報だ。今や、アジアや中東で米国から覇権を取り戻す絶好の機会が到来したからだ。トランプにとって米国のグローバルな覇権の価値はさほど大きくない。彼は、第二次大戦後の世界秩序の歴史的複雑さを理解していない。彼の関心は企業利益拡大にあり、自分はビジネスで儲けたから、国にも儲けさせようというわけだ。

米国では今後、ソ連崩壊と同様の遠心力が働き始め、「アメリカ」という共通価値が崩壊する可能性がある。南北戦争が再発するとは思わないが、国の分裂は閾値を超えた。

問題は日本だ。今後、東アジアには変化が起き始めるだろう。米国の影響力は弱まるが、それを認めたくない米政権が日本に難題をふっかけてくる可能性もある。その時は米国が日本の大きなリスクとなる。「アメリカの傘」の時代は終わるのだ。むしろ日本は、自ら日米同盟を相対化し、米ロ中韓それぞれとの間で新しい立場を築く道を真剣に考えるべき時である。

孤立主義に抗するのはグローバルな協働

二〇一六年一二月

二〇一六年が暮れる。今年は歴史の変曲点となる特別な年だった。一年を終える前に、試みに一〇大ニュースを列挙してみる。

まず、ポケモンＧＯのブームがあった。実空間と仮想空間が至るところで融合し始めたのだ。他方、パナマ文書が公開され、富裕層や多国籍企業の税回避の一端があらわになった。解明に大きな役割を果たしたのは、ＩＴを駆使した調査報道だった。

国内では、熊本地震と消えない震災への不安を挙げたい。他方、小池百合子新東京都知事が誕生したが、豊洲新市場問題は現在進行形である。この二つに、天皇の退位をめぐる「お気持ち」の表明も加えておきたい。

日本の天皇は本人が望んでもなかなか辞められないが、韓国の大統領は国民が今にでも辞めさせたいと思っている。スキャンダルの内容もさることながら、大統領府を囲む膨大な数のデモに民衆が直接行動で歴史を動かしてきた国の強さを感じる。

残る四つは相互に絡まりあう世界史的な出来事である。一〇大ニュースの第四位には、オバマ米大統領の広島訪問を、それに先立つキューバやベトナム訪問と合わせて挙げたい。オバマはこれらの訪問で、米大統領として第二次大戦と冷戦、ベトナム戦争の過去と決着をつけ、次なる時代に世界を導くことを目指した。

だがトップ3の出来事は、現実がオバマの理想とは逆方向に動いたことを示す。第三位には、トルコのクーデター未遂事件を含め、継続する「イスラム国（IS）」と混乱を極めるシリア情勢を挙げよう。今日のシリアの悲惨の責任は誰にあるのか。不必要なイラク戦争を起こし、中東の複雑な勢力均衡を崩壊させたブッシュ前米大統領の責任は重い。そして、第二位はイギリスの欧州連合（EU）離脱決定、第一位は米大統領選でのトランプ勝利である。この二つの「番狂わせ」が、今後の世界情勢を決定的に方向づけてしまったことは否定できない。

こうして一六年に起きた主な一〇の出来事を並べてみると、私たちが今、歴史の中でどの地点にいるのかが見えてくる。キーワードは「情報公開」と「反グローバリズム」と「ポピュリズム」の三つだろう。

一方で、グローバル化とインターネットを介した新しい情報の流れにより、情報公開が進んで今まで隠されていたものがどんどん明るみに出始めている。この点で、パナマ文書公開と小池新都政の動きは通底しているし、ポケモンGOからウィキリークス情報を盛んに引用していたトランプまで、ネットによる新しい情報の流れが決定的に作用している。

他方、イギリスのEU離脱とトランプ勝利という二つの「ショック」により、グローバル化が曲がり角に来ていることが明白になった。各地で反グローバリズムと偏狭なポピュリズムの動きが噴出していることは、グローバル資本主義の矛盾がすでに閾値を超えたことを示す。

グローバル化とネット社会は、全世界で大量の人々を不安と不安定の中に放り出し、置き去りにした。パンドラの箱を開けてしまったとも言える。それでもグローバル化で生じるフロンティアが拡大している間、人々の不安は表面化しない。だが、拡張が収縮に転じ、未来の夢が幻想にすぎないことが露呈し始めると、扇動者たちが一挙に不安に形を与え始める。この状況は、世界が一九二〇年代から三〇年代にかけて経験した不安とたしかによく似ている。

一六年は、九〇年代に開かれたグローバル化やネット時代の夢が暗転する変曲点だった。これから数十年間、「開かれる地球」と「閉じていく地域」は抗争し続けよう。

だが実は、この抗争は見せかけだ。富裕層相手の商売で富を築いたトランプは、失業や貧困の責任を民主党政権に転嫁して不安をあおり、大統領の座を手にした。彼の身勝手な孤立主義は世界をさらに不安にするが、そのすき間でより乱暴なマネー資本主義が跋扈する。パンドラの箱から飛び出た怪物は、世界中の人々を巻き込んで最後まで暴れ続ける。それを抑えられるのは、孤立ではなくグローバルな協働でしかあり得ない。

第五章
ポスト真実化する社会のなかで

2017年1月～2018年3月

クリントン氏とトランプ氏（写真提供／ロイター＝共同）

収縮の時代の排他的病理　進むのは世界の多極化

二〇一七年一月

世界は波乱含みである。もうすぐ米国では「浅ましくて無知で危険」とマイケル・ムーアに烙印《らくいん》を押された人物が大統領の椅子に座るが、彼を取り巻く政権首脳には富豪や軍人、金融や石油の大手資本関係者が並ぶ。米国史上、これほど排他的で非民主主義的な政権はいまだかつてない。その出方に世界は戦々恐々である。

米国を取り巻く世界はどうか。ロシアにはプーチン、中国には習近平がおり、いずれも権力を集中化させている。ヨーロッパは分裂気味で中東は悲惨だ。約四半世紀前、東西冷戦が終結した時、世界はグローバルな民主主義の時代に入っていくかに思われた。しかし今、面前にあるのは、それとは正反対の世界である。

この反転はなぜ起きたのか。昨年は反転を象徴する年となったが、前からの変化があったはずだ。それは一体何か。これを考えるには、一九九〇年代に戻っておく必要がある。

九〇年代以降の世界を特徴づけてきたのは、第一にインターネットの爆発的浸透とICT（情報通信技術）産業の勃興、第二に中国などの新興経済圏の発展、第三に日本などの先進諸国、特にその重厚長大産業の深刻な停滞、第四に先進諸国での格差拡大と少子高齢化だった。

これ以前と大きく異なるのは、世界の周縁だけでなく先進諸国の中心部が困難に直面していった点にある。その理由は、すべての傾向の根底に、新自由主義的なグローバル化があったからだ。新自由主義とは、戦後が築いてきた中産階級に支えられた国民国家の解体だった。この解体により、七〇年代から停滞してきた経済は金融で新市場を発見していく。

その反動で、取り残された人々により排他主義的傾向が高まっていった。それでも経済が上向くと信じられているなら、排他主義が主潮流にはならない。だが、この上向きの希望が見失われるとき、不安におののく社会は敵味方を峻別《しゅんべつ》し始め、他者排斥の欲望に駆られる。

これと似た反転が、二〇～三〇年代にも起きていた。一九世紀末から第一次大戦まで、世界は帝国主義の拡張期だった。大戦で、その中心部だったヨーロッパが壊滅し、中心の空洞化は脱植民地化という周縁からの動きとともに、中心部でのファシズムを生じさせていった。一九世紀のグローバル化の基軸だった帝国主義が打撃を受け、欧米や日本など帝国の中心部で異質な他者に対する許容度が小さくなっていったのだ。

これらの反転を、さらに四〇〇年前の出来事と対比させたい。当時、日本は安土桃山時代から江戸時代へ、中国は明から清へ、西欧は大航海時代から「一七世紀の危機」に向かう。これらはいずれも一六世紀の拡大と自由の時代から一七世紀の危機と集権化の時代への反転である。そしてこの時代、最盛期を迎えたのが魔女狩りであった。それは政情が不安定な地域ほど激化し、他者を恐怖し、排除するメカニズムとなった。

中核をなしてきた秩序の弱体化と矛盾の噴出、その中での排外主義の高まりという点でこれらの時代は類似する。しかも経済は停滞期、不安の中で扇動者が現れ、社会をさらに混乱に陥れていくのである。

一七世紀の禁教や鎖国、魔女狩りから一九三〇年代のファシズム、そして今日のトランピズムまでを一括《ひとくく》りにするのは確かに乱暴だ。しかし、仮に歴史が拡張と収縮の交代現象で貫かれてきたとするならば、これらはいずれも拡張が収縮に転じる時代に出現する病理で、それに先立つ急激なグローバル化への反動なのだ。

トランプの口約束に反し、米国の経済が長期の安定的な成長軌道に乗ることはないだろう。歴史は先進国がもう実質経済では成長しないことを再確認させるはずだ。大統領は停滞の原因を他国に転嫁するが、多くの米国民は自分に矛先が向かなければ見て見ぬふりだろう。朝鮮半島や中東で戦争じみたことが起こるかもしれない。暗澹《あんたん》たる未来の中で、確実に進むのは世界の多極化だ。一七世紀の鎖国化、三〇年代のブロック化、そして二〇二〇年代に起こるのは経済と軍事が絡んだ多極化となる。そこで日本が上手に立ち回るのは、決して簡単ではない。

「嘘八百」米大統領に見るポスト真実化

二〇一七年二月

嘘八百とは、やたらと嘘をつくこと、話が嘘だらけなことをいう。八百は数が非常に多いことで、八百屋、江戸八百八町、大坂八百八橋などはなじみ深い。しかし今、米大統領となったトランプ氏ほど、この言葉が似合う人物はいない。誇張と恫喝《どうかつ》、誤認と虚勢、何でもありの人物が大統領の座に就いたので、私たちの世界も何でもありになってしまった。

フロリダに拠点を置く「タンパベイタイムズ」が運営する「ポリティファクト」の検証では、トランプ氏の発言で真実と言えるのは五パーセント、多めに見積もっても一六パーセントにすぎず、約五〇パーセントの明白な嘘と誤りを含む約七〇パーセントの発言は事実に反する。この人は性懲りもなく口から出まかせを言い続けるので、発言の大部分が嘘となる。

日本に対しても、大統領選中に日米安保が片務的で「米国が攻撃を受けても、日本は何もする必要がない」と批判していた。事実無根だが悪びれる風もない。大統領就任後、米企業経営者との会合で「日本はわれわれが車を売るのを難しくしている」と、今も日本に自動車輸入関税があるかのように語った。日本の安全基準が厳しく、輸出の妨げだとする米側の主張も嘘だが平気である。米製薬大手との会合では、日本が為替介入で円安誘導しているかのごとく非難をしたが、これも根拠がない。

「嘘八百」主義は政権に共有されており、大統領報道官は就任式の聴衆が「史上最大」だったと事実に反する発表をした。メディアにこの点を衝かれると、政権幹部は発表は嘘ではなく「オルタナティブな（もう一つの）事実なのだ」と主張した。

トランプ氏はかつて「大事なのはハッタリ。私はそれを真実の誇張と呼ぶ。ハッタリは効果的な宣伝だ」と語っていた。語る内容が事実かどうかを全然気にしない、相手に影響を与えればいいという発想である。イスラム諸国からの入国制限というこれまた人権侵害の大統領令を受けて、イラン大統領は、「米国はこれまで人権を擁護し差別に反対すると主張し続けてきたが、それは嘘であることが示された」と皮肉ってみせた。この発言の方が、気に入らない相手を罵倒することしか知らない米大統領よりよほど知的である。

つまり、米大統領が立つのはジャーナリズムとは対極のプロパガンダの地平である。だから彼は、気に入らないメディアと平気で敵対する。記者会見では自分の意に染まない報道をした記者を露骨に攻撃し、記者が質問しようとすると「静かにしなさい。無礼にするな」「あなたには質問はさせない。あなた方は偽ニュースだ」と返答を拒否、政権寄りのメディアだけに質問を許していった。

本当にこの人がアメリカ大統領なのか。実はこれは悪い冗談で、一種のリアリティTVの中に私たちは入り込んでしまい、「人類最悪のシナリオ」の一場面を演じさせられているのではないか。そのシナリオでは真実と嘘の違いが意味を失い、ただお金のことしか考えない哀れな指導者が主人公だ。あまりのバカバカしさが受けて視聴率を稼いでいる。

こうした嘘を嘘とも思わない政治状況は、「ポスト真実」の政治と呼ばれる。ネット情報の氾濫で、語られることが事実かどうかを人々が気にしなくなり、重要なのは人々の感情だけという発想から断言を繰り返す政治が力を得ていった。ポスト真実の政治は権威への反感というポピュリズム感情と共振し、大統領選末期にはトランプ支持者向けの偽ニュースサイトが乱立していった。トランプ氏が敵対するメディアを「偽ニュース」と盛んに非難するのは、そうしたサイトが当たり前だと思っている彼自身の認識を露呈している。

かつてマックス・ピカートは『われわれ自身のなかのヒトラー』(みすず書房)において、ヒトラー政権下のドイツで独裁者の言葉を受け入れる素地がどのように形作られていったかを分析した。だが今や、「われわれ自身のなかのトランプ」が問われるべき時代となった。問題なのは、トランプ氏が嘘つきなことではない。そのような「嘘八百」のトランプ氏を大統領にまで押し上げた私たちの「ポスト真実」化する社会にこそ危機の本質がある。

なぜ、誰も「災後」の未来を示せていないのか

二〇一七年三月

あれから六年が過ぎた。七回忌である。六年の歳月は、大切な人を失った者にとって癒やしの時間となることもあろうが、それが不可能な場合もある。東日本大震災、特に東京電力福島第一原発事故で被災した人々の場合、その傷は癒えるにはあまりに深い。

この傷痕を癒やし難くしている最大の理由は、「復興」のかけ声が繰り返され、国の予算も投下されてきたにもかかわらず、被災地の未来が一向に見えてこないことにある。

たとえば復興予算で東北に災害公営住宅三万戸が建設されつつあるが、入居は高齢者が多数を占め、いずれ空き家が続出する。これまで復興を支えてきた国の支援も終わり、施設維持費が自治体に重くのしかかるだろう。震災後、東北からの若者流出の流れは加速しており、地域はこの負担に耐えられないかもしれない。

東電に関しては、事故で生じた総費用の試算は二一兆五〇〇〇億円と従来の想定から倍増し、すでに国は廃炉や賠償、除染や中間貯蔵施設のために国費投入を決めている。しかも廃炉作業は難航しているから、現在の試算をさらに上回る可能性が高い。他方、国と東電の責任を問う多くの裁判も進行中で、原発避難者や風評被害への賠償まで含め、東電が支払う賠償総額は莫

大なものとなる。国の管理は長期化し、いずれ東電は事実上の解体に向かうだろう。

　私たちが気づきつつあるのは、震災と原発事故が戦後日本にとって致命的な出来事だったことだ。これを境に、いかなる「戦後」も終わったのだ。だが、戦後終焉《しゅうえん》の先にどんな未来があるのかを私たちは知らない。先が見えないから、今も戦後的価値にしがみつき続けている。この展望なき固執が、私たちが「あの日」から前に踏み出すのを困難にしている。

　戦後日本を「理想」「夢」「虚構」「バーチャル」と一五年ごとに分けた見田宗介《みたむねすけ》に従うなら、リーマン・ショックと震災を経験したこの一五年は「悪夢の時代」となるかもしれない。先が見えないまま突っ走り続けているが、泥船はいずれ沈む運命にある。

　本来、これほど深刻な状況で、政治が果たすべき責任は経済復興だけではない。起きたことの重大さからすれば、原発も防災も経済も既存政策の継続ではいずれまた破綻する。失敗の原因を徹底究明し、「戦後」とは根本的に異なる「災後」の未来を指し示すことが不可欠なはずだ。だが、それができていないから六年を経ても人々は癒やされないのである。今、蔓延しているのは単なる忘却でしかない。忘却の先に未来はない。

　忘却を脱して覚醒に至るには何が必要か。それにはまず、震災前から今に至るまで東北各地で何がどう生じてきたかの記録を徹底公開し、それを広く共有し、未来に活用する統合的体制を築くことだ。震災七回忌に際し、新聞には多くの逸話的記事が並んだが、この六年、各地で何がどう生じてきたかを精密に俯瞰《ふかん》したメディアはなかった。地域の多様性は否定しないが、徹底した情報共有と全体把握があって初めての多様性である。

私はかつて本欄で、歴史とは構造的なもので必ず繰り返すから、大震災も原発事故も、類似の出来事がいずれ忘れたころにまた起きる、その時のため「記憶が未来へのかけがえのない資産となり得る」と書いた。この未来への資産形成を難しくしているのは、分野間、組織間、地域間等々のタテの壁である。各人が自分の部署に瑕疵が生じないようにすることに精いっぱいで、誰もビジョンをもって組織全体の未来を見渡せない。結果的に、身動きができないまま既存の体制が残り、大きな変化の中で最悪の選択をしてしまう。

情報の水平的共有や全体的ビジョンの欠落は、昨今の東芝没落や豊洲新市場問題にも顕著である。震災を経ても日本は驚くほど変わらず、このままでは危機は再来するだろう。本来、そうした全体把握と未来への警告の役割を果たすべきメディアが機能不全に陥っている今日、震災の記憶を呼び戻し続けることは、自己への警告として価値を失わない。

東芝の末路と重なる日本の行く末

二〇一七年四月

東芝は、その起源を幕末の「からくり儀右衛門」（創業者の田中久重）にまでさかのぼる。近代日本の電気化の中枢を担い、白熱電球から扇風機、ラジオ受信機、電気洗濯機、電気冷蔵庫、電気掃除機、自動式電気釜まで、国産一号機はすべて東芝が作った。名門といってこれ以上の名門はない。それが今、米国のウェスチングハウス・エレクトリック（WH）買収から約一〇年で解体に向かいつつある。パワハラと粉飾決算、高値で買収したWHの七〇〇〇億円にも膨らんだ巨大損失。失敗に失敗を重ね、名門企業がたどるのは、かつては誰も予想していなかった末路である。

この没落には二つの相互的な原因がある。一方は、組織内での抑圧の連鎖と情報の横断的共有の欠如である。東芝では「チャレンジ」と称して、通常の方法では達成不可能な目標をトップが各部門に強要し、それが上意下達式に伝わる中で利益を水増しして収益が良くなったように見せかける不正会計が蔓延していた。「チャレンジ」は、もとは長年のトップ企業故の内向きの社風を変え、各人が外に打って出ることを勧める標語だったのだろう。それが危機の中で反転し、上司が示す目標に部下を服従させる抑圧の呪文となった。本当は、「チャレンジ」の前に「オープン」が必要だったのに、東芝には情報の公開性が著しく欠けていた。

他方、東芝没落の根本要因は、二〇〇六年、巨費をつぎ込んでWHを買収したことにある。ちなみに買収されたWHは、かつて米国の電機業界を牛耳ったWH本体ではない。同社は一九八〇年代、日欧メーカーに追い上げられ営業不振となり、金融や不動産でも失敗、経営難から放送業に転身するが、それも買収されて消滅している。東芝が買収したのは、この過程で本体から切り離された原子力部門である。東芝はこの部門を評価額の数倍の超高額で買った。

愚かな買い物だった。すでに当時、七九年のスリーマイル島や八六年のチェルノブイリの事故を経験し、原発がリスクの高い施設であることは世界が知っていた。原子力発電は、発展途上国型の時代遅れの技術となっていたのだ。その技術になぜ東芝はしがみついたのか。

東芝が原発建設に固執した理由の一端は、原発輸出が国策となってきたことにあろう。温暖化対策で二酸化炭素を排出しない原発の需要が高まると国は考えてきた。福島第一原発事故後ですら、政府は原子力による経済成長という事故前にセットされた路線から転換できていない。

こうして原発リスクへの認識が一変した後も、東芝経営陣はWHの経営悪化を頑なに認めず、一層無謀な原発建設計画を打ち出した。まるで旧関東軍だが、実は彼らはWHの経営実態すら正確に把握できていなかったのだ。WH経営に深くメスを入れず、相手に「東芝は現金自動支払機」とまで言わせていたらしい。この把握力の欠如が、粉飾決算発覚で大揺れの時期、WHが巨大損失の決定要因となる原発工事会社を買収するのを認める大失態ももたらした。

東芝は、組織の閉鎖性と原発ビジネスへの視野狭窄《きょうさく》的な固執によって沈んでいく。私たちが気づくべきなのは、東芝の今日は、日本の明日だということである。危機の実態についての情報を横断的に共有せず、上意下達の統制強化で外面を取り繕う組織に未来はない。それは、内への抑圧連鎖に加え、外の状況変化への適応力の弱さをもたらすからだ。

日本企業的な踏ん張りも、原子力は安いという発想も過去のものだ。原発はすでにもうかる事業でも未来の技術でもない。未来は再生可能エネルギーと情報社会の中にある。日本は九〇年代、この歴史的転換に乗り遅れ、福島第一原発事故を迎えた。原爆を投下され、最悪の原発事故まで起こしたこの国が、なお世界に「核」をばら撒《ま》く政策を推し進めるのは著しく倫理的でないし、戦略的にも愚かだ。東電に東芝と、古い思考を脱せられない基幹産業が次々に解体に向かう中、時代からずれた既定路線を大胆に見直す転換ができなければ、東芝の末路にやがて日本の行く末が重なっていくこととなろう。

三人の大統領に見るそれぞれの新時代

二〇一七年五月

「三匹の子豚」の寓話《ぐうわ》に倣って「三人の大統領」の話をしてみたい。

最初に登場するのは、世界最強の大国の大統領だ。就任してすでに一〇〇日以上。この間、三〇以上の大統領令を発し、ツイッターでつぶやき続けた。彼が掲げた六〇の公約で実現したのは六項目だけ。大半で問題が生じ、稚拙さが露呈している。入国禁止の大統領令は裁判所に差し止められ、メキシコとの壁建設も与党の同意すら得られていない。

外交戦略も揺れ、国務省等の専門職の多くが空席のままだ。場当たり的な判断で想定外の動きを重ね、シリアへの突然のミサイル攻撃で対露関係も悪化した。側近や親族を重用し、議会との調整を軽視し、ジャーナリズムを敵視し続けている。最近は、米大統領選でのロシアの介入問題を捜査中の連邦捜査局（ＦＢＩ）長官を解任、疑惑を隠蔽する意図を疑われている。

二番目の大統領は、最近の登場である。両親は医者で、大学で歴史哲学を学び、エリート養成の国立行政学院（ＥＮＡ）を出て会計検査官となり、財務系官僚からロスチャイルド銀行に転身、わずか二年で副社長格に上り詰めた。哲学者ジャック・アタリとも親交があり、前政権に参画、やがて閣僚となった。そしてついに三九歳の若さで大統領である。

ここまでエリートだと、日本なら「出る杭《くい》は打たれ」そうだが、フランスは寛容である。これがアメリカン・ドリームならぬフレンチ・ドリームと呼べるのは、夫人が高校で演劇を指導した二五歳年上の教師だからでもある。一七歳で求婚し、家族の強い反対を乗り越え二九歳で結婚した。原点に演劇があり、それがついに人生も国家ものみ込んでいくところが実にフランス的なのだ。マクロン自身、狙った目標は決して逃さない演技力を備えているようだ。

三番目の大統領も、選ばれたばかりである。両親は朝鮮戦争で北朝鮮から逃れた避難民で、小学校時代は極貧の生活だった。貧しさを克服して大学に進むが、朴正煕の独裁体制に反対するデモで逮捕もされた。父の死を契機に司法試験に取り組み、人権派弁護士として後に大統領となる盧武鉉《ノムヒョン》と共に活動した。盧政権の秘書室長だったが、盧の自殺を契機に大統領を目指す。自分からというよりも、親しい他者の死が人生の転機となってきた芯の強い苦労人だ。

三国を比較すると、国内総生産（GDP）は米国が一位、フランスが六位、韓国が一一位。米国が巨大で、フランスはその七分の一、韓国はさらにその三分の二の規模である。

しかし、大統領の成熟度は国の規模に比例しない。むしろ今日、国の規模が大きくなるほど、民主主義から遠ざかっている。実際、米大統領の専横な態度とは正反対に、当選した韓国大統領がまずしたのは、野党を次々に訪問し、低姿勢で対話を求めることだった。保守政党とも関係が良好な知日派を首相に指名し、対話を最重視するしたたかな姿勢を示している。

他方、出自では仏韓の対照が目立つ。仏大統領は最初から超エリートだが、韓国大統領は貧しさからの叩（たた）き上げだ。米大統領は中途半端で、金持ちの息子だが仏大統領のように俊才ではない。彼のような人物が大統領になれたのはネットとテレビのおかげである。加えて政策の方向が米仏で正反対なのは報道の通りだが、ジェンダー感覚でも両者は対照的だ。新しい仏大統領にとり夫人との年齢差は自然なものだ。他方、米大統領が信奉するのは「攻撃的で、性欲旺盛で、うぬぼれが強いことが男らしさ」という旧式の観念だと、あるコラムニストは言う。

ところが米仏大統領には共通点もある。前者は不動産、後者は金融でのビジネスマン経験をベースにのし上がった。これは、韓国大統領が仏大統領の対抗馬だったナショナリストと同様、弁護士出身なのとは対照的だ。国民統合では弁護士が、グローバル経済対応ではビジネスマンが新時代のリーダーということか。

ところで「三匹の子豚」は、子豚が狼《おおかみ》に食べられる話だが、米大統領のトランプは太った豚であると同時に狼にも近い。狼は最後、三番目の子豚の策略で熱湯に飛び込んでしまう。この子豚がマクロン仏大統領なのか文在寅《ムンジェイン》韓国大統領なのかはまだわからないが、強者が常に勝利するわけではなく、大切なのは知恵と忍耐強さなのだ。賢い子豚が、その知恵と機転でまんまと狼を思い通りに操ることだってあるはずだ。これからこの三者、それに中国やロシアの指導者たちが加わった国際政治の劇場で、どんなドラマが始まろうとしているのか。世界はスリリングな時代に入りつつある。

加計学園問題と「政治主導」の暴力

二〇一七年六月

加計学園問題とは何か。森友学園問題よりも深く政権中枢が関与したと疑われるこの事件で、問われていることの核心はどこにあるのか。

問題となったのは、加計学園による今治《いまばり》市での獣医学部新設を認めるように「官邸の最高レベルが言っている」とした文書だった。それは内閣府と文科省のやりとりを記録したもので、日時も出席者も明記されていた。そこには文科省が「『できない』という選択肢はなく、事務的にやることを早くやらないと責任をとることになる」と言われたことも記されていた。

会談の記録を文書に残すのは行政の基本である。だから内閣府と文科省の交渉が文書に記録されたのは当然だし、それは保管され、適切なタイミングで公開されることになる。この事後的な公開可能性が行政の公正性を担保するのだ。その意味で、責任者の押印のある決裁文書以上に、内部で情報共有のために作成されるメモ的な文書は価値の高い行政文書である。

ところが菅義偉官房長官は、これは「出所」が明確でないから「怪文書」だという不思議な論理を展開し、その後も頭ごなしに文書の信憑性を否定し続けた。文科省は文書の「存在は確認できなかった」という微妙な表現で苦境をやり過ごそうとした。

このタイミングで前川喜平前文科事務次官が証言と記者会見をして事態は一変。前川氏は、昨年秋に計六回、担当者との会議があり、九月二八日と一〇月四日に文書が示されたと明言した。その上で、文科省が官邸の要求に簡単に従えなかった理由も理路整然と説明した。国家戦略特区なら何をやってもいいわけではないのである。

だが、安倍晋三政権はなお事実に向きあおうとせず、前川氏への個人攻撃で人々の関心を逸らそうとした。強大な権力を背景に個人の声を潰していくやり方はファシズムに通じ、姑息《こそく》で見苦しい。その片棒を担ぐ一部メディアはジャーナリズムの名を汚す。

しかも前川証言で、官邸の実力者から前川氏への直接の働きかけがあったことも明かされた。「総理は自分の口からは言えないから、私が代わりに言う」との首相補佐官の発言を、これは安倍首相自身の意志と受けとめるのは当然の判断である。

この問題を国会で追及された安倍首相は「印象操作」という語を連発したが、これは言葉の理解としてお話にならない。「印象操作」は学問上明確に定義されており、私たちが他人の前でするすべての振る舞いは他者の視線を意識した印象操作のゲームである。だから首相は、「印象操作」という言葉を連呼する印象操作を国会で繰り返していたことになる。

一連の経緯で明らかになったのは、加計学園に獣医学部の新設を認めさせたい官邸と、これを認める公正な根拠を求める文科省の確執である。文科省側の躊躇《ちゅうちょ》の理由は二つで、第一に獣医師が不足している証拠がない。家畜やペットの数は減少傾向で、農水省は「獣医師不足はない」との立場を崩していない。第二に、加計学園の申請には動物医療を世界的な生命科学に発展させる実績が含まれていない。この点では、むしろ同時期に同じ国家戦略特区として新設を希望していた京都産業大学に、鳥インフルエンザの研究機関があるなど実績があった。

合理的な根拠がないのだから、本来ならば申請却下の選択も、あるいは国家戦略特区の特例として京都と今治の両方に小規模な新学部設置を認める選択もあったはずだ。ところが今回の官邸からの圧力は、そのいずれの可能性も予《あらかじ》めふさいでいた。

政治主導とは何か。官僚不信の世論を受けて、政治家が官僚を押さえ込むことのリスクに国民は鈍感だ。官僚は規則を順守し、証拠や根拠に基づいて決定するから、政治家主導の機敏さはない。しかし、その時々の世論と対立しても、長期的な視座から公正性を保つ仕組みは必要なはずだ。とりわけ人づくりには時間がかかり、教育行政は長期的な展望でしか成立しない。加計問題は、そうした長期的政策の基盤が崩されるほどに、安倍政権の「政治主導」が暴力化している現状を示唆している。

加計学園問題……文部科学省は、社会的な需要に鑑みて一九八四年以降、獣医学部の新設を認めていなかった。しかし国家戦略特区制度を利用して、加計学園グループの岡山理科大学に新設が認められた。

二五年前に遡る「小池ブーム」の正体

二〇一七年七月

今から二五年前の一九九二年夏、日本新党のうねるようなブームが起き始めていた。細川護《もり》熙《ひろ》前熊本県知事が同党を立ち上げたのが五月下旬。七月の参院選の候補者として彼が最初に声をかけた一人が、アラビア語が堪能な若手ニュースキャスター小池百合子だった。小池はその街頭演説で「私を国会に送り込んでください。暴れてみせます」と語っていた。

日本新党は参院選比例区で四議席を獲得、参院議員となった小池は細川と二人三脚で日本新党の名を全国に広めていく。同党のシンボルカラーは緑。これは最近、首都で小池のシンボルカラーとして再び頻繁に目にすることになった色だ。

そして日本新党の跳躍台となったのが、翌年六月の都議選だった。東京佐川急便事件で政治不信が頂点に達するなかで、日本新党のブームに火が点《つ》いた。ちなみにこの時、都議選の争点とされていたのは臨海副都心開発の問題である。すでにバブル経済は崩壊し始めており、莫大な整備費を誰がどう払うのかが問われていた。今日の豊洲新市場問題とイメージが重なる。

ここで日本新党は大勝、一挙に都議会第三党となった。他方、そのあおりで社会党は要職が次々に落選した。自民党政権への不満の受け皿の位置を、社会党は日本新党に奪われたのだ。

1992年の参議院議員選挙で日本新党から立候補して当選した小池百合子氏（右）。右から２人目が細川護熙党首（写真提供／共同通信社）

都議選大勝の余韻に浸る間もなく日本新党は衆院選に臨み、これまた大勝利。ブームは国政に激震をもたらした。この時象徴的だったのは兵庫二区（中選挙区制）だ。同区は土井たか子元社会党委員長のお膝元だったが、ここに参院からくら替えして小池が挑み、当選を果たす。同区はその二四年前、貿易商だった小池の父が挑み、敗れた区でもあったので、因縁の勝利といえる。とりわけ重要だったのは、この時に主要な労組が土井を推薦から外し、小池支援に回ったことだった。

その数年前、土井社会党は消費税導入とリクルート事件で汚職にまみれた竹下政権を追い詰め、全国に土井ブームを巻き起こした。だが、ブームの主は日本新党に移り、社会党は労組の後ろ盾を失い漂流し始める。「戦後」が本当に終わろうとしていた瞬間だった。

しかもこの選挙で、日本新党の新人として衆院に入った政治家には、後に首相となる野田佳彦をはじめ、前原誠司、枝野幸男他、今日に至るまで、政治の中心舞台で活躍することになる民主党の主要メンバーが含まれる。つまり、日本新党ブームは、その後の民主党政権から昨今の小池ブームまで、四半世紀にわたって続く日本政治流動化の導火線だったのだ。

ある意味で、「都民ファーストの会」の正体は二五年後の「日本新党」である。小池百合子は四半世紀の旋回を経て、原点に戻り都議選で二度目の大勝をした。

おそらくこの二五年間隔の反復は、今後何が起きていくかも暗示している。政権中枢に就いた日本新党は、社会党、公明党、新生党、さきがけなどの政治力学に揉《も》まれ、失速していった。やがて日本新党出身者と鳩山由紀夫、菅直人、小沢一郎らが結びついて民主党政権が誕生するがこれも失敗。つまり、新党連立内閣も政権交代もうまくいかなかった。同じ失敗を繰り返すまいとの思いが強ければ、小池知事は、東京オリンピックを成功裏に終えた後、自分が日本初の女性首相となるために、結局は自民党に支持基盤を持つしかないと考えているのではないか。

だが、この二五年で失われたものも大きい。九二年は日本経済が上昇から下降に反転した年だ。社会の気分が「安定」から「混乱」に転じるなかで、戦後の理念は古ぼけて感じられ、政治はどんどん流れに依存していくようになった。五五年体制からポスト日本新党時代への変化は必然だったが、流れに乗るだけでは未来は開かれない。二〇二〇年以後を透視しつつ、必ずや声高なナショナリズムに抗して人々の心に届く理念の政治が求められてくるはずなのだ。

北朝鮮ミサイルで増す米国世論の危険性

二〇一七年八月

戦争が起きるのだろうか？　私たちが長い間、考えもしなかった恐ろしいシナリオが浮上しつつある。

トランプ米大統領は八日、滞在中のゴルフ場に記者を集め、北朝鮮がさらに米国を脅すなら「これまで世界が見たこともないような炎と怒りに直面することになる」と述べた。やくざ映画で親分が敵対する組に凄《すご》むような言葉遣いである。発言の粗暴さに唖然《あぜん》とするが、これに酷似するのは当の北朝鮮で、同国はこれまで「ソウルが火の海になる」「一瞬で日本を焦土化する」といった発言を重ねてきた。米大統領は、自分も北朝鮮指導者と似た資質の持ち主なのだと表明しているかのようだ。

だが、事態はそんな批評的な指摘を許さないところまで来ている。米大統領が示唆したのは直接軍事行動である。「妙なことをすると、お前のところにミサイルと空爆、核攻撃で放射能の雨を降らせるぞ」と凄んでいるのだ。広島と長崎の原爆からちょうど七二年の米大統領の発言である。まったく穏やかではない。

北朝鮮はこれに対し、トランプ発言は「まったくのたわごと」で、「理性を欠いているこのような男と、まともな対話など不可能」と一蹴、あくまで核とミサイルにこだわり続けている。彼らは九日、グアム島に向けた四発の弾道ミサイルの発射計画を発表した。ミサイルは日本の島根、広島、高知の各県上空を通過してグアム近海に着弾するという。

これまた穏やかでない計画で、さすがに途中で落ちることはないとしても、グアム近海に着弾した場合、当然、米国はこれを北朝鮮のさらなる威嚇とみなすだろう。国の境界線を守ることに米国は極度に敏感だ。ましてトランプ大統領である。不人気な政権が「凶悪」な敵への攻撃に国民の関心を向けて支持率浮揚を狙うのは常套手段だ。米国防総省はすでに水面下で北朝鮮国内の攻撃目標の選定や、在韓米国人の避難計画の策定を進めているともされる。

実際、私は八月上旬から米国に来ているが、こちらのテレビは朝から晩まで北朝鮮問題を論じている。米国民の間で今ほど「北朝鮮」がせり出したことはない。最悪の事態が生じた際の危険度は、日本や韓国のほうがずっと高いのに、日韓からの視点が登場することはまずない。まるで、米国だけが北朝鮮の核ミサイルの危険に晒されているかのようだ。

こうして現在、CNNによれば米国民の六二パーセントが北朝鮮を深刻な脅威と捉え、米国の軍事行動を支持する割合は五〇パーセントである。共和党支持者の七四パーセントが軍事行動に賛成している。大統領の暴言以上に、こうした世論が危険なのだ。日韓にどれほど犠牲が出ても構わないのなら、たしかに米国は北朝鮮をひねりつぶせる。だがそうした選択は、韓国や日本、東北アジア全体に、ブッシュ政権のイラク戦争が中東に与えた以上の歴史的衝撃を与えることになってしまうかもしれない。

ところが実は、よく似た危機が過去にもあったのだ。今から二四年前の一九九三年三月、北朝鮮は核拡散防止条約（ＮＰＴ）からの脱退を宣言する。これは、国際原子力機関（ＩＡＥＡ）が、同国内の核廃棄物貯蔵施設とみられた施設を査察しようとしたのをあくまで拒否したもので、北朝鮮が国際的に孤立してでも核開発に突き進む意志の表明と受け止められた。

当時から専門家は、北朝鮮は「四個から七個の核弾頭を製造可能な量のプルトニウムを保有」と指摘しており、核ミサイル保有は絵空事ではなかった。事態収拾に向けて開かれたのが米朝高官協議で、その結果、北朝鮮はＮＰＴ脱退の一時停止と引き換えに、米国から武力不行使と内政不干渉、対話継続を勝ち取った。

今回も、北朝鮮にはあの時の成功体験があるのではないか。瀬戸際のかけひきを、北朝鮮は得意とする。だが、当時の米国はビル・クリントン政権。冷戦後の寛容に向かっていた世界はやがて９・11を経て不寛容に支配され、トランプ政権誕生となる。現在は、二四年前の単純な反復ではない。この変化を北朝鮮が見誤ると、米大統領が本当に軍事行動を指示し、韓国や日本の未来にも甚大な衝撃を与える事態が現実のものとなりかねないのだ。

過度な著作権ビジネスが招く文化創造の危機

二〇一七年九月

音楽はいったい誰のものなのか。その根本を問う裁判が全国の音楽教室と日本音楽著作権協会（JASRAC）の間で始まった。JASRACがレッスンでの生徒の演奏からも著作権料を徴収しようとするのに対し、教室側が五七万人の署名を集め、教育の場からの徴収権限がないことの確認を求めて提訴したのだ。

一九八〇年代末以降、JASRACは権益拡大のための法廷闘争を重ねてきた。全国のカラオケスナックから著作権使用料を取り立て、相手が応じなければ容赦なく裁判に訴えた。八八年、北九州のスナック経営者と争った訴訟で、最高裁からカラオケ伴奏による歌唱が「著作権が及ぶ営業目的の演奏」に当たるとの判決を引き出し、これが使用料徴収に「お墨付き」を与えていく。

彼らはやがてCD等をBGMに流す飲食店や美容室に対しても、各地で使用料支払いを求める民事訴訟を起こしていった。店主たちからは、「音楽を聞かせて代金を取っているわけではないのに使用料を払うのは納得いかない」との声が上がった。さらに彼らはダンス教室にも対象を広げ、市販CDをプレーヤーで再生して無断でレッスンに使用するのは違法と訴えた。これについても裁判所は、ダンス教室のレッスンでの音楽使用は「営利に結びつく組織的継続的な公衆に対する使用」という協会の主張を認める判決を下した。

そして今回の音楽教室である。ＪＡＳＲＡＣからすれば、カラオケ、ＢＧＭ、ダンス教室と進んできた先に、当然、全国の音楽教室が浮上してくる。徴収の根拠は、「公衆に直接聞かせる目的で演奏する権利」の専有を認めた著作権法二二条である。つまり争点の第一は、受講生が練習する未完成の演奏まで「聞かせる」目的に相当するのかという点。第二は、教室の生徒たちが、果たして著作権法のいう不特定多数の「公衆」に相当するのかという点である。

私たちの常識的感覚なら答えは明らかだ。教室で生徒が練習を重ねるのは自分がうまくなるためで、それを先生に指導してもらう。他の生徒がそこにいるのは共に学ぶためで、この生徒相互の関係は商品をやりとりする関係ではない。著作権制度は、そもそも著作物が商品として取引される場合に作者の権利を定める制度であり、そのような商取引は、自らの学びのためにある作品に取り組む行為とは根本的に異なる。また教室の生徒は、無試験でも先生の承認を経ており、不特定多数の公衆ではない。これが、私たちの一般的な常識である。ＪＡＳＲＡＣの強欲は、すでに私たちの常識が許容できる限界を超えている。

さらに、この問題はそもそも文化を誰が創るのかという問いも提起している。文化はコミュニケーションの一部であり、作者はこの関係の外に存在する神ではない。作者の権利が保護されるべきだとしても、その根底には、文化を創造する共同的な関係が存在する。教育の場は、そうした創造の基盤であり、ＪＡＳＲＡＣの容赦なき徴収はそうした創造性の基盤を弱体化させ、長期的には日本の音楽文化にダメージを与える。

一連の混乱の根底には、八〇年代末以降のメディア変容がある。戦後長くＪＡＳＲＡＣは放送局等と独占的に包括的利用許諾契約を結んで著作権者に利益を配分してきた。ところが多メディア化の中で音楽は生活の全領域に浸透し、再演されるようになった。これをマスメディア体制の崩壊と見るのではなく、著作権ビジネスの市場拡大と捉えたのである。それまで視野の外に置いてきたさまざまな音楽空間を、著作権が行使される場として再発見していった。

だが、文化は私的なものである以前に共同的なものだ。ダンス教室からの徴収を認めた時点で、裁判所は著作権ビジネスが文化の共同的基盤を掘りくずしてしまうリスクにあまりに無自覚だった。音楽文化を創造し育成するのは、天才的な個人ではなく、私たち自身の社会である。新しい旋律やリズムは、その共同的基盤のなかから立ち現れる。この基盤をより豊かにしていくためにも、司法は過去の錯誤を繰り返さない方向へと転換すべきだろう。

「寛容な保守」と「現実的なリベラル」の間で

二〇一七年一〇月

突如の乱世に民進党の政治家たちが情けなく翻弄されている。「解散」という安倍晋三首相の奇策に、「合流」の奇策で応じたはずの前原誠司民進党代表が、あろうことか一瞬で党を解体させる顚末《てんまつ》となった。「話が違う!」との党員の素朴な反発も理解できる。

そんな中で、辻元清美の発言が歯切れいい。希望の党が民進党議員に「憲法観」と「安保法制」の踏み絵を課すと、すぐさま「私は『踏み絵』を踏まない。一人からの出発をする」と言い切り、そもそも「リベラルを排除するとはどういうことか。私が歩んできた道の否定は、一緒に歩んできた市民の否定につながる」と真っ当に反論した。正論である。

どうもこの人は乱世に強い。その意味で小池百合子と似ているが、目指す方向は正反対である。それを辻元は、小池の「寛容な保守」に、「現実的なリベラル」として対置する。

たしかに状況は途方もなく絶望的だ。安倍首相の突然の衆院解散に何ら根拠はなく、憲法改正への執着と森友・加計問題のリセット願望、それに野党の混乱につけ込む選挙戦術があっただけだ。この空疎な政治をさらに空疎にしたのが、都知事選以来の人気を過信した小池新党だった。安倍自民党と小池新党は、いずれも「憲法改正」を目指し、「安保法制」を認める点で酷似する。表のラベルの色の違いに惑わされ、私たちが「反安倍」のつもりで同党に投票することが、安倍が目指した「戦後レジームからの脱却」の成就を可能にするかもしれぬ。その時点でいくら反対を叫んでも、もう後の祭りである。

二〇一七年の世界と日本、政治の風景はどちらも荒涼としている。どうしてこんなことになったのか？　原点は、やはり一九九〇年代にある。ポスト冷戦とインターネットで社会が基盤から流動化し、既存の枠組みが通用しなくなる中で、メディアと有権者は転換の方向を何度も見誤った。要するに、繰り返しセットアップされた「劇場」に酔ったのである。

七月の社会時評でも書いたように、九二年から九三年にかけての日本新党ブームは、今日に至る日本政治流動化への転換点だった。八〇年代までの政治の前提が、この時に崩れた。このタイミングで国会にデビューしたのが小池や前原、枝野幸男であり、実は辻元も九六年、NGOの一員から国会議員になっている。

「しがらみ」が古臭いものにしか見えなくなり、過去を簡単に忘れる風潮が広がるなかで、人々を惹《ひ》きつけたのは、その過去を敵に見立てて大立ち回りをする劇場政治だった。この点で、小泉純一郎元首相の郵政改革、民主党政権の仕分け、そして小池都知事の自民党都連批判はよく似ている。人々は世の中がうまくいかないのは誰かが「障壁」になっているからだと思いたいので、上手に演じれば芝居は大受けする。だから小池の「寛容な保守」とは、劇場の観客を楽しませるエンターテインメントの政治である。その肝要は、見せ場を作る敵役がいることだ。

では、これに対する「現実的なリベラル」とは何か？　「リベラル」が民主主義、立憲主義、表現の自由、情報公開を意味することは、当事者たちが語る通りだ。だが、すべてが劇場化する中で、「現実的」とはいかなることか？

貧しさの中から「死なんかったら何とかなる」という根性ではい上がってきた辻元は、デビューの頃、私たちが「経済の奴隷ではない」ことを強調していた。幸福な社会とは便利で豊かな社会ではなく、経済への従属を脱した社会である。その実現には、過去を排除の対象ではなく資源とすること、その上で長い時間軸をもつ再配分と共有の指針がいる。

枝野幸男は、辻元がかつてＮＰＯ法を成立させていった頃、彼女がいかにして自民党の有力政治家を「洗脳」していったかを語ったことがある。異なる立場を巧妙に媒介するリアリズム。それが政治だと枝野は言う。古臭くても、立場が違っても、相手の懐に飛び込まなければ政治は始まらない。そう語った枝野が辻元と共に立ち上げた新党に今、人々の関心が集まる。

四半世紀の迷走の末、絶望の淵で最後の希望を「現実的なリベラル」に託そうとする人々の思いは限りなく切実だ。

「ロシアゲート」とファンタジーへの陶酔

二〇一七年一一月

米ハーバード大学で約一年間教えるためボストンに来てから約三カ月がたった。ここ数カ月、米国社会は混乱そのものである。バージニア州での白人至上主義者と反対派の衝突、プエルトリコのハリケーン災害、ラスベガスの大量殺人、カリフォルニアの大火事、それに北朝鮮危機と続き、多くでトランプ政権の対応の拙さが目立ち、反発が広がっている。加えて大統領のツイッター等での言動が日々物議を醸すので、人々はすっかり嫌気がさしている。

なかでも深刻化しているのは「ロシアゲート」である。すでにトランプ陣営の元選挙対策本部長らが、ウクライナの親ロシア派のマネーロンダリング（資金洗浄）に関与して数千万ドルの報酬を受けたとして起訴された。最近、商務長官もタックスヘイブン（租税回避地）にある法人を介してプーチン大統領に近いロシアのガス会社と取引していたことがわかった。

問われているのは、トランプ政権とロシア政財界の癒着だけではない。いっそう問題なのは、ロシアの諜報工作と昨年の大統領選の関係である。逮捕された同陣営の元外交顧問が明かしたのは、大統領選中、陣営幹部がプーチン大統領に近いとされたロシア人と接触していたことだった。この接触を通じ、トランプ側はロシアから秘密情報を得、ロシア側にクリントン候補に不利な情報を流すよう促したのではないかと疑われている。「ワシントン・ポスト」紙によれば、大統領自身も罪を犯した可能性が高いと考えている人が約半数に上る。

昨年のテレビ討論で、トランプ候補はクリントン候補の電子メールに関する秘密を握っていることを執拗にほのめかしていた。こうした言動と、ロシアがハッキングで秘密情報を得ていたことは奇しくも対応する。

二〇一六年米大統領選でのトランプ大統領誕生は、プーチン指揮下のロシアの諜報戦略により周到に支援されていた――。これだけでも事実なら十分にスキャンダラスだが、さらに深刻なのは、このロシアの諜報上の成功が、今日のインターネットの構造に支えられていたことだ。

フェイスブック社が検証したところでは、ロシア政府系企業が過去二年間に投稿した情報は八万件に上り、大統領選前後、ロシアの関与が疑われる三〇〇〇件以上の広告で分断と対立が煽《あお》られていたようだ。同様の動きがツイッターやグーグルでも確認されており、「ヒラリー・クリントンが人身売買に関与」「ローマ法王がトランプを支持」といった偽ニュースは、マケドニアの貧しい若者の仕業だけではなかった可能性がある。

これは陰謀うずまく冷戦の再来なのか。そうではない、と私は思う。誰もが発信者になれるインターネットには、その匿名性によりマケドニアの若者からロシアの諜報機関までが「普通の誰か」として参入できる。しかも、アクセスの相互性を利用して情報の受け手は自動分類され、当人が受け入れやすい情報だけが伝えられるから、偽ニュースはなかなか見破られない。

だが、まさにそうした仕組みであるが故に、これら怪しげな発信者からの情報が築き上げるのは、その受信者が願望する世界である。だからそれは、送り手からの一方的なプロパガンダという以上にファンタジーに近い。コンピュータのアルゴリズムにより仕分けられた人々は、それぞれが自分の「真実」の壁を補強する情報を求めていく。その結果、いくつもの他者を排除したファンタジーの宇宙が、ネット世界に立ち上がる。こうして対話は失われ、自画自賛する言葉しか持たぬ大統領が出現するのだ。

トランプ政権を窮地に立たせる「ロシアゲート」は、今日の米国資本主義が少数の富める者が支配する寡頭制と化し、実は中ロの権威主義的な体制と似てきていることと、ネット社会が当初の期待とは逆に、個を分断し、かつて大衆社会論が想定したような操作可能な存在にする仕掛けになっていることの両方を露呈している。これに対抗するには、もちろん情報の徹底した公開と人々の連帯を通じてネット社会自体を作り替えていくこと、これしかない。

ロシアゲート……トランプ政権とロシア政府の非合法な協力関係に対する疑惑。二〇一六年の大統領選にロシアが介入し、トランプ氏の陣営と共謀してクリントン氏陣営にサイバー攻撃を仕掛けたなどとされる。疑惑に関与したとされる四人が訴追されている。

「平成の終わり」で終わらない歴史の時間

二〇一七年一二月

一人の人生が、その社会の歴史の大きなまとまりと一致することなどめったにない。たしかに古代の王国では、民は王の治世と国の運命が一致するとの幻想を生きたから、実際にも一定の対応はあったかもしれない。それでも侵略や災害、疫病は突然やって来るので、優れた王の治世が必ずしも幸せな時代とはならず、残忍な王でも幸せな時代を人々が過ごすこともある。社会の歴史は統治者の年代記ではないのである。まして現代社会では、北朝鮮のような一部の独裁国家を除けば、統治者の任期は相対的に短いし、象徴的な個人の人生が歴史の変化と対応していると考える国民はまれである。おそらく、日本人を除いては――。

「平成」が、あと一年数カ月で終わる。来年、二〇一八年にはメディアで「平成の終わり」が盛んに語られていくだろう。それにつれて、人々も「平成」をひとまとまりの時代と見なしていくようになるに違いない。はっきり言えば、これは錯覚である。メディアが盛んにそう語るから、「平成」が一個の連続的な「時代」に見えてくるわけで、つまりはメガネが「現実」を出現させるのだ。

この「現実」を製造していくメディア側の論理は明白である。より多くの視聴者や読者を集めるには、より多くの人が共通して関心を向ける「話題」が必要で、間違いなく「平成の終わり」は、「昭和の終わり」との比較でも、天皇「退位」という新機軸でも、大いに市場価値のある話題なのだ。だからメディア資本としてここに目をつけない理由はない。

だが、こうした資本の論理を超えて考える価値がありそうなのは、この「錯覚」を受け入れる社会側の論理である。グローバル化や情報化が進み、天皇の在位期間と時代の変化はますます対応しなくなっている。それでも人々は「平成」を時代として語ることで、今、自分たちがいる場所を同定し、次の時代への移行を考えたいと願う。それは、なぜか。

大きく言うなら、社会が年を数える仕方には二通りある。一方は、西暦のようにある出来事が起きた年からの経過年を示す直線的方法。他方は、干支《えと》のように一定の年数で循環する方法である。歴史的に必ずしも前者が後者に優越していたわけではなく、西洋でもローマ帝国後期から中世ヨーロッパを通じ、「インディクティオン」と呼ばれる一五年単位の循環法が広く通用していた。だから世界史的には、むしろ直線的方法の方が比較的新しいのである。

元号は、新しい君主の即位や象徴的な儀式により過去の歴史がご破算になり、新しい歴史が始まると考える点で循環方式に近い。つまり、ここでの要点は過去が「ご破算になる」発想にある。この歴史観は古くからあり、古代アッシリアでは毎年選ばれる官吏の名で年を数えていた。その人物は年ごとに選ばれていたから通時的な連続性はない。古代中国に由来する元号でも、皇帝の治世と元号が対応し始めるのは明朝以降で、それ以前は一人の皇帝が何度も改元、つまり過去をご破算にして新たな歴史を始めていた。明治以前の日本の元号も同じである。ただ、近代には建国や革命、統治者の人生と「ご破算」になる原点を一致させる傾向が強まり、歴史的時間とは、要するに国家の時間であると信じられるようになっていった。フランス革命暦は典型だし、今も北朝鮮は主体暦といって、金日成の誕生と歴史の時間を重ねている。

日本人が西暦を受け入れつつなお元号で歴史を捉えることにこだわるのは、この「過去をご破算にする」魅力が理由かもしれない。「明治」と「大正」、「昭和」と「平成」。いずれの切断にもかつて「御一新」という言葉で「江戸」を葬った仕方に通じるものがある。歴史が本当にゼロに戻るなら、天皇の代替わりと改元は、実に便利な歴史の刷新技術なのだ。

だが、私たちの生きる現代は、そのようには歴史が成り立っていない。未来は過去との連続と切断の交錯の中にある。「平成」は、その語感とは逆に失敗が連続する時代だった。だからこそ、「平成の終わり」を前に必要なのは、この時代を過去にくるのではなく、バブル崩壊も震災も原発事故も社会の分断も、失敗を現在として問い続ける作業のはずである。

大学の二〇一八年問題　未来への鍵は授業の質

二〇一八年一月

大学の「二〇一八年問題」をご存じだろうか。一八歳人口の底なしの減少が本格化する。もちろん、一八歳人口が減少に転じたのは最近ではない。「団塊の世代」が高校を出る一九六六年に二四九万人に達したその人口は、減少の後、九〇年代初頭には再び二〇〇万人を超えたが、その後はほぼ減る一方で、〇九年には一二一万人とピーク時の半分以下となった。

その後、数年間は横ばい状態だったが、今年から再び長期の減少が始まる。今年一一八万人の一八歳人口は、三一年には一〇〇万人を切り、四〇年には約八〇万人にまで減少する。これはピーク時の三分の一以下だ。かつて周囲に三人いた一八歳の若者が一人になるのだからすさまじい。人口統計の確度は高いので、この予測は必ず現実となるだろう。私たちの前に広がる確実な未来が、これなのだ。

この人口の不可逆的変化は、大学に根本的な変化をもたらす。終戦直後、四八校しかなかった日本の大学数は、一九四九年の新制大学設置で二〇一校に増え、その後も高度成長と一八歳人口増加で六〇年の二四五校から七〇年の三八二校、九〇年には五〇七校へと激増した。

しかし成長の時代は終わり、一八歳人口もその後は減少に転じる。ところが大学数ばかりは二〇〇〇年には六四九校、一〇年には七七八校と増え続けた。戦後七〇年間で約一六倍、バブルだった。規制緩和の流れを受け、短大や専門学校から四年制大学への転換が相次ぎ、地方活性化の起爆剤にと自治体と民間が連携して大学開設に向かった結果がこれだ。

大学進学率がまだ十分でないとの声もあるが、大学・短期大学合計の進学率は、一四年で五七パーセント、専門学校進学を加えると八〇パーセントに達する。昨今、専門学校を進学先に選ぶ若者は、将来の職業を見据え積極的な意志でそうした選択をしている例が目立ち、大学進学にもうこれ以上の需要はそもそもないと考えたほうがいい。大学進学率が十分でないという考えは大学人の傲慢である。

進学率は頭打ち、高卒者は漸減し続けるのだから、今後、多数の大学が閉校や合併を迫られるだろう。この大学危機を、どうプラスの契機に転換できるかが今、問われている。

その転換の鍵を握るのは何か。この半年、米国の大学で教えながらつくづく感じるのは、大学改革の鍵はやはり授業自体だということだ。

実は、米国の大学も、産業の競争力低下や少子化、予算削減で七〇年代以降、危機を経験していた。この危機を脱した要因は、連邦政府の大規模な研究開発投資と大学を社会人の学び直しの場として開いたこと（及び留学生の拡大）、それに授業自体の質の向上であったとされる。

注目すべきは第三の点だ。もともと米国の大学は、日本よりもずっと授業の質に敏感だが、それでも六〇年代の拡張期に教師不足から授業を担当し始めたＴＡ（ティーチング・アシスタント）の力量不足が問題になっていた。七〇年代以降、若手の教育力を鍛える仕組みやTAの役割の明確化がなされ、教師の一方的な講義ではない討論型学習も広がった。

その結果、米国の大学では、シラバス（授業計画）とTA、予習文献、授業前に提出するレポート、授業後の討論クラスが有機的に結びつく学びの仕組みが実現している。日本では、その一部を導入する動きはあるが、それでは足りない。一個の授業ユニットは有機的なシステムで、全体を入れなければ効果は生まれない。

日本の大学は、今年から冬の時代に入る。濫造の時代に続くのは淘汰の時代だ。だが、何による淘汰か。受験生集めのうまい大学が残るのか。あるいは実技を学ばせ、就職口を確保する大学か。前者は受験予備校、後者は専門学校が得意だろう。そうではない。大学の使命は授業を通じて人を創ることであり、試験によって人を選別することでもない。米国の大学は、危機でもなおこの大学の根本を捨てなかった。原理主義というよりも、それこそ大学が長く生き残る最も有効な戦略だからなのだ。

仮想通貨　コンピュータに呑み込まれる経済

二〇一八年二月

わずか一九分で顧客から預かっていた五八〇億円分の仮想通貨が失われる事件が起きた。失われた額の大きさと時間の短さの対照に眩暈がする。仮想通貨交換業者が顧客から預かっていた通貨を消失させる事件はここ数年何度か起きていた。今回の事件もリスクが予測不能だったとは言えず、対策の甘さが問われよう。

だが、この事件は私たちの未来社会のもっと深い死角を照射してもいる。電子マネー時代の到来は、すでに一九九〇年代半ばから盛んに論じられていた。当時、電子マネーにより伝票のやりとりの手間が省け、在宅勤務の拡大にもつながる時代が期待された。他方、電子マネーが現金やクレジットとは異なる決済手段となる可能性も指摘されていた。国際的な情報網の中で資金が流動する可能性を開き、中央銀行の影響力を低下させると危惧されたのである。

一般の通貨が中央銀行で発行されるのと異なり、電子マネーは誰が発行するのか自明でない。発行主体が倒産したら利用者は保護されるのか。大量に発行されて超インフレにならないか。国境を越えて自由に流通する通貨の管理は可能か、さまざまな問いが提起されていた。

それから四半世紀、かつての想像上の事態の半ばはすでに実現している。電子マネーには交通系ＩＣカードなどもあり、それらは支払い手段としてすでに日常化している。

しかし、今回の事件が示すより深刻な課題にまだ答えは出ていない。仮想通貨は、ネット上での多数の参加者の分散管理により流通する。世界中のコンピュータが協働する管理のプロセス自体が、新たな仮想通貨を出現させ、同時にその希少性を保証するのである。

つまり、仮想通貨は国が発行する貨幣よりも金や銀に近い。貨幣の希少性は国家に管理されているが、金銀は長大な地球史が生んだ自然の一部で、その希少性は人智を超える。同様に仮想通貨の希少性も、特定の主体の意志を超えて成立している。

もちろん、仮想通貨を生むのは錬金術ではないし、超越的な神の意志でもない。世界中のコンピュータが競う計算も、その勝者が通貨を受け取る仕組みも、そうして発行される通貨の限界量も、すべて最初からプログラムに書き込まれている。だからこの希少性を支配するのは、コンピュータのプログラムである。

仮想通貨への投資が世界で広がる現状が示すのは、ネット上の情報が複製できなくなり、その希少性を確実に保証されるとき、それらの情報は金や銀とも国が発行する貨幣とも変わらない振る舞いを始める可能性があることだ。もし仮想通貨が本当に「通貨」なら、「お金」の誕生には希少な物質も国の保証も実は必要がないことになる。

それでも現実世界との橋渡しは必要で、その役割を担うのが交換業者である。彼らはただ持ち主から預かった通貨を買いたい顧客に円やドル等と引き換えに売る業務を代行するだけだ。

当然、これはネット上での詐欺も窃盗も生じ得る世界である。

現状では、仮想通貨の希少性が投機を生んでいるので、「お金」からどんどん離れ、「貴金属」に近づいている。しかも、盗まれた情報にはおのおの来歴が書き込まれているので、それは美術品に近いともいえる。だが、仮想通貨の交換所は美術館ではない。事件が繰り返されるならば、やがて堅固な防御壁をめぐらし、多数族生する仮想通貨の信頼度を評価し、それらの電子的価値を調整する「メタ（超）銀行」的な機関が現れるだろう。

そうした未来社会の姿がおぼろげに見え始めているなかで、中央銀行や徴税の形はどう変化するのか。コンピュータが支配する情報社会の圧倒的な規模とスピード、越境性を制御できるのは一体誰か。問われるべき課題は多い。今回の事件は、単にリスク管理と預金者保護の問題としてだけ済ませられるわけでは決してない。

仮想通貨……インターネット上で取引される「通貨」で、中央銀行のような公的な管理者はいない。円やドルなどと交換できる。世界で一〇〇〇種類以上あるとされ、代表的な仮想通貨に「ビットコイン」がある。

二〇一八年三月

「災後」の未来　何が変わりつつあるのか

五年前、社会時評の執筆を始めたとき、私が出発点としたのは東日本大震災から二年後の日本だった。当時、格納容器に溶け落ちた核燃料を冷やす水が高濃度汚染水となって増え続け、放射能の除染作業も先の見えない状態だった。ところが人々の関心はアベノミクスの経済効果に向かい、原発事故への関心は薄れつつあった。私には、この感覚麻痺が半世紀前、反核のうねりが経済成長やオリンピックへの期待にのみ込まれていった時代に重なると感じられた。

本欄の執筆を終えるに際し、もう一度、出発点に立ち返りたい。東日本大震災、そして福島第一原発事故とは何だったのか。この出来事の教訓は何か。震災後の歴史を「災後」と呼ぶことができるなら、それは敗戦後の「戦後」と何が異なるのか。

変化はまだ表にはっきり現れてはいない。震災後、農漁業は徐々に復活し、道路や街並みの整備も進んだ。工程表通りに作業を進めるのは日本の得意技だから、工事は着実に進む。他方、仮設住宅住まいの人は残り、家族を失った人の心の傷も癒えない。被曝で住民避難が長引いた地域では、野生動物が過剰繁殖し、人間が自然からの逆襲を受けている。

これらはしかし、表面上の推移である。では震災を期に、この社会に何らかの地殻変動的な変化は生じたのだろうか――。

一方で、「生じていない」証拠はいくつもある。震災前に回帰すべく原発再稼働に向けた政策が打たれ、地方が国の公共事業に依存する体制も変化がない。東京オリンピックをめぐるさまざまな問題の続出は、私たちが一九六四年的価値観から抜け出せていないことを改めて露呈した。沖縄問題、近隣諸国との関係、日米関係のいずれでも、日本が世界に向ける姿勢に変化がない。歴史の慣性が保たれている。

すると、震災後の日本の姿から出発した本欄は、何も変化がないことを五年間、検証し続けてきたのか。――それも単純すぎる理解だ。変化は生じていないわけではないのである。見えないところで生じてきたと言うべきかもしれない。「見えないところ」とは、新聞やテレビ、東京中心の日本から見える視界の外である。

エドワード・スノーデン事件やパナマ文書報道は、私たちがこれまでとはまったく異なる情報の体制を生きていることを明らかにした。巨大（ビッグデータ）化し、全地球を高速で移動し、高度な検索技術によって分析されていくようになった情報の世界は、もはや「語られたこと」以上の何かである。

他方、越境的にネット化した環境では、「語ること」も集合化して大きな力となる。二〇一五年夏の日本での「ＳＥＡＬＤｓ」の運動も、前年の香港や台湾での「雨傘」や「ひまわり」をシンボルにした運動も、確実にその流れの一部をなす。そして今、アメリカでは社会に根深いセクハラに抗議して、ネット上の「#ＭｅＴｏｏ（私も）」運動が政治的にも大きな影響を生じさせている。「アラブの春」の背後にあった情報革命も、単に中東に混乱や反動、テロの拡散を生みだして終わったのではない。

今日、グローバル化とテロリズムの増殖、アジアでの日本の存在感低下の中で私たちは防衛的になっている。だがこの間、日本と世界の水位差も広がり続けてきた。変容する世界と変わらない日本、その間をせき止めていたダムは必ずどこかで決壊するだろう。その時、福島第一原発事故がそうだったような打つ手なしの状態にならない方策は、はたして私たち自身に用意されているのだろうか。

実は、今ほど私たちに未来への信頼できるビジョンが必要なときはないのである。それには一時的な「夢」の心地よさに酔うのではなく、長い時間の中で自己を見つめる覚悟が必要だ。私はこれまで、震災・原発事故の記録を統合する記憶庫の創設を訴えてきた。記憶庫を通じて過去と正面から向きあうことが、私たちの社会が陥りがちな健忘症の治療薬となる。その記憶庫が向けられる先は、半世紀以上先の未来である。その頃までにどのような「豊かな」社会を実現していくべきなのか、しっかりとしたビジョンがなければ、廃炉作業一つ、脱原発一つできないではないか。

エピローグ

何と僭越《せんえつ》な書名であろうか。厚顔無恥にも程があると怒られそうである。本書のタイトルがあやかる二冊の著者が偉すぎるのだ。両書とも古典としてよく知られている。一冊は、もちろん丸山眞男の『戦中と戦後の間』（みすず書房）、もう一冊はハンナ・アーレントの『過去と未来の間』（引田隆也・斎藤純一訳、みすず書房）である。丸山はアーレントにあやかって本のタイトルを決めているから、二つの書名の間には参照関係がある。すでに二人の知の巨人が異なる時代の「間」を書名に掲げてしまっているので、「戦後と災後の間」などというタイトルの本を出すことに躊躇がなかったと言えば嘘になる。

とはいえ、丸山は著作において、書名にある「間」の含意を明示的に掘り下げているわけではない。むしろ丸山が同書のタイトルを「戦中と戦後の間」と銘打ったのは、彼自身の思想の軌跡を「戦中」と「戦後」を通じて彼が書いてきた論文や評論を一冊にまとめることで検証する企図からだった。つまり、この本にある「間」とは、第一義的には丸山自身の「戦中と戦後の間」である。ちなみに私は同書を、もう四〇年以上前、大学一年生か二年生の頃に読んだ記憶がある。末尾に収録されていたE・H・ノーマンへの追悼文が心に刺さり、他の難しい論文はすっかり忘れてしまったのだが、その文章の印象だけはかなり後まで残っていた。

しかし改めて読み返してみると、一九四五年に彼が書いた「近代的思惟《しい》」という小文に、丸山の「間」についての考え方がはっきり書き込まれていたことに気づく。彼がそこで批判したのは、「時間的に後から登場し来ったものはそれ以前に現われたものよりすべて進歩的であるかの如き俗流歴史主義の幻想にとり憑かれて」いる知識人たちである。そのような人々は、戦中期には近代を「超克」したと主張する「ファシズムの『世界史的』意義の前に頭を垂れた」。そして敗戦を迎えると、「今やとっくに超克された筈の民主主義理念の『世界史的』勝利を前に戸迷いしている」。戦中と戦後、いずれの時代においても未来の名において過去を「超克されたもの」として葬り去っていく現代日本人の振る舞いを見ていると、「悲惨さと滑稽さのうち交った感慨がこみ上げて来るのを如何ともなし難い」と、丸山は呻《うめ》いた。

未来は決して、過去の後に来るのではないし、過去は決して、未来によって葬り去られるのでもない。もちろん、このことを深く、透徹した思考によって示したのはアーレントの『過去と未来の間』のほうだ。彼女は、「間の時期というものは、後年の歴史家のみならず行為者や目撃者つまり生きている者自身が、もはや存在しないものといまだ存在しないものによって徹頭徹尾規定されている時間のはざまに気づくようになるとき、時折歴史の時間のなかに立ち現われる」と、もうこれ以上の見事さはないほど的確に「間」の場所を言い当てていた。

これはいったいどういうことか。彼女は、カフカに依《よ》りつつ「過去」と「未来」の関係を抗争的なものとして捉えている。すなわち、思考の出来事が生じる舞台とは「過去と未来の力が衝突し合う戦場である。過去と未来の間にはカフカが『彼』と呼ぶ人物がいる。『彼』は、少なくとも自らの陣地を固守しようとするならば、この双方の力と戦わねばならぬ。したがって、同時に二つ、あるいは三つの戦いが進行する。つまり、『彼』の敵同士の戦いと、間に挟まれた『彼』が敵の双方と交わす戦いである」。こう述べたすぐ後で、彼女はその舞台で「戦いがあるという事実は、もっぱら『彼』の現前に依る」と述べる。なぜなら、その現前がなければ「過去の力も未来の力もとうの昔に互いを相殺するか、破壊するかしていた」はずだからだ。

したがって、ここで重要なのは、「彼」の思考の地平では「未来」だけでなく「過去」もまた力として、つまり現在の人間が背負う重荷や新しい世代が捨て去る遺物としてではなく、我々を前方に「押し出す力」として認識されていることだ。「大方の予想に反して、われわれを過去へと押し戻すのは未来である」とアーレントは言う。つまり、「つねに過去と未来のはざまに生きる人間の観点から見ると、時間は連続体つまり途絶えることなく連続する流れではない。時間は、中間すなわち『彼』が立つ地点で裂けている。そして『彼』の立つ地点は、われわれが通常理解しているような現在ではなく、むしろ時間の裂け目である。しかもこの裂け目は『彼』の絶えざる戦い、『彼』が過去と未来に抗することによって存在する。人間が時間のうちに立ち現われることによってのみ、また人間が自らの場を占めるかぎりでのみ、無差別な時間の流れは断ち切られ、［過去・現在・未来の］時制となる」。

だから、「過去」や「未来」がまずあってその間に私たちがいるのではないし、私たちはそのような過去の「押し出す力」や未来の「押し戻す力」との拮抗《きっこう》抜きに存在しているわけでもない。まさにアーレントが言い当てた時間の「裂け目」を切り開いていく瞬間が、私のいる「過去と未来の間」を生むのである。

アーレントはさらに、カフカよりも先まで思考の歩みを進めている。彼女は、カフカの問題は、彼が「直線的に進む時間という伝統的イメージを変えようとしない」点にあるという。直線的時間を前提とする限り、「過去」と「未来」の間に裂け目を生じさせても、その裂け目には「彼」が「立つための余地さえほとんど残され」ない。直線が途中で断たれても、それだけではそこに空間は生じないのだ。だから結局、「彼」はこの人間臭い戦場から離脱して、形而上学的な「超感性的な領域」を思惟の場所として名指すことになる。

ここで彼女は、彼女の本のおそらく最も重要な結論に達する。すなわち、「カフカが描く思考の出来事に欠けているのは、或る空間的次元、つまり思考が人間の時間から抜け出ることを強いられずにはたらきうる空間的次元である」。それを招来するには、直線的時間の観念を捨てなければならない。時間が人間に向かう敵対的諸力に裂けている以上、「過去」と「未来」の間で「連続体を断ち切る人間の立ち現われは、必ずや諸力をその元々の方向からたとえわずかにせよ逸らせる」はずである。

「過去」と「未来」の間には裂け目があり、それは異なる時間が衝突する空間であり、人間の思考は時間の流れを屈折させる。アーレントの議論は見事であり、もはや付け加えることはないようにも思われる。しかしあえて、もしも彼女の議論をさらに進めようとするなら、この裂け目における「思考」と「実践」の関係が問題になってくるだろう。アーレントは用心深く、この議論が妥当するのは「精神の現象の領域にかぎられる」と注記している。だが、この「精神の現象の領域」とはどこまでのことを指すのだろうか。彼女自身は、「裂け目」についての洞察を「歴史の時間や個人の生の時間」にまで広げることには否定的である。だが、それでは「精神の現象の領域」と「歴史の時間」や「個人の生の時間」の境界線はどこにあるのか。

たとえば彼女は、古代と近代で歴史の観念が反転とも言える大転換を遂げたことを示す。古代における歴史の誕生は、可死の存在である人間の儚《はかな》い実践が、不可死の自然の永続的循環を断ち切り、それが語られ、記憶されることで長き生命を獲得していくときに生じていた。つまり、ここで永遠なのは自然の循環であり、人間的行為に永続性は付与されていない。

他方、近代は人間的時間の連続性に「かつてない重要性と尊厳」を与えていった。そのことにより、歴史は反復や循環の観念から離脱し、それぞれの出来事が「一回限りの物語をかたる」歴史過程として認識されていく。そしてやがて、人間の歴史は「無限の過去へと遡りつつ同時に無限の未来へと延びる」に至るのだ。アーレントの同時代まで来ると、「過去と未来、この二つの無限は、始まりと終わりについての一切の観念を消し去り、地上における潜在的な不死性を人類に与える。一見世界史のキリスト教化と映る事柄が、実際には、世俗の歴史から、あらゆる宗教的時間の観念を払拭してしまった」。だが、このように人間の歴史に無限の連続性が付与されてしまうと、すでに論じた「裂け目」の余地はごく限られたものとなる。

アーレントはこのような歴史の観念の大転換を示すことで、「歴史の時間」についても語っている。つまり、彼女が見事に論じた「過去と未来の間」の裂け目は、狭義に哲学的な思考の領域を越えて、私たちが歴史について考えたり、語ったりするときにも問いの核心をなす。だからこそ私たちは、アーレントがカフカの議論を直線的時間の観念から引き離したように、アーレントの議論を（誤解を承知の上で）「精神の現象」の世界から引き離し、世代や階級、ジェンダー、民族などが節合される集合的なエージェンシーの歴史へと解き放つべきなのだ。その時、彼女の「過去と現在の間」にある裂け目についての卓見が、本書で考えてきた異なる歴史的時間の「間」の考察にも繫がるものになっていく。

私はすでにプロローグで、歴史的時間としての「戦後と災後の間」が、どのような間隔で把握可能かを論じた。二〇一〇年代から眺めるなら、それは同時代に起きた出来事の近景と、一九九〇年代半ばから四半世紀の中景と、七〇年代から半世紀の遠景という焦点距離の異なる三重のレンズを通して読解される。だが、このエピローグで引用した丸山やアーレントの議論を踏まえるなら、この複眼的視座にはさらに二つの観点が付け加わることとなろう。

一つには、丸山が「戦中」と「戦後」の関係で述べたのと同様、「災後」は必ずしも「戦後」の後に来るわけでも、「災後」によって「戦後」が葬り去られるわけでもない。「災後」はすでに「戦後」のなかにあり、「戦後」は「災後」のなかで立ち現れ続ける。アーレントの言葉を

「災後」へと押し戻され、「戦後」によって「災後」へと押し出されている。だから一九九〇年代、あるいは九〇年代から二〇一〇年代までの「間」の時代は、その中間で「戦後」と「災後」の力がぶつかり合う舞台であった。

もう一つ、私たちがしなければならないのは、単なる時代区分ではなく、異なる時代意識の間の「裂け目」を露《あらわ》にすることである。東日本大震災と福島第一原発事故は、まさにそうした裂け目であったが、別の次元でトランプ大統領の誕生も歴史を屈折させる裂け目となった。それ以外の本書で取り上げた数々の出来事、たとえばスノーデン事件やパナマ文書の公開、インターネットを通じた瞬時の草の根的な運動の広がりも、この時代に生じた大きな歴史の裂け目といえる。さらに、テロリズムの拡散とグローバリゼーションに対するさまざまな反発の拡大、社会が「内向き」になっていく傾向も、近未来の社会で拡大する裂け目を予感させる。私たちは、これらいくつもの裂け目の崖っぷちに立たされているのであり、半ばは裂け目のなかに墜落している。同時代を語るということは、いずれにせよそういうことなのだ。

より大きな視座のなかで述べるなら、本書は前著『大予言——「歴史の尺度」が示す未来』で示した理論的展望の応用編に当たる。前著では、「世代間隔」という親子の世代史的なサイクルと、「長期波動（コンドラチェフの波）」という資本主義の世界史的なサイクルが出会い、共振する最小単位を二五年（四半世紀）と考え、これを基礎に一六世紀以降の五〇〇年に及ぶ歴史を大づかみに捉える展望を示した。それに従うなら、二〇世紀半ば以降の歴史は、一九四〇年代半ば、七〇年頃、九〇年代半ば、二〇二〇年頃、それに二〇四〇年代半ばを裂け目として変動していく。もちろん、数年の幅を含めての話である。すでにプロローグで述べたように、本書が「災後」と呼んできたのは、一九九〇年代半ばから二〇一〇年代まで、あるいはひょっとすると二〇年代以降も含め、日本の「戦後」が飽和に達し、この社会全体が下降線をたどっていった時代である。その意味では、上昇気流に乗っていた「戦後」と、下降気流に流されている「災後」は、長期波動において鋭く対立している。

ここから先、我々はどこへ向かうのか——それは次作以降の課題だろう。本書としては、五年間にわたって撮影した角度も焦点も異なる六〇枚の「風景写真」から、一人ひとりの読者が自分の立っている「戦後と災後の間」の裂け目を思考していただければ十分だ。しかしこの六〇枚は、それぞれが過去五年間に浮上したさまざまな歴史の裂け目の記録でもあった。そもそも「戦後」は、東京と地方、本土と沖縄、日本とアジア、親米と反米、男性中心主義と女性たちの人生、開発主義と自然との共生等々、無数の裂け目のなかで生きられてきた。だから戦後史は、必然的にそうした裂け目の歴史とならざるを得ない。

このことは、「災後」の歴史でも変わりようはなく、震災と原発事故、そしてトランプ大統領の誕生によって、異なるレベルで現代世界が経験している深刻な裂け目が露呈してきた。たしかに日本では、この裂け目がやがて巧妙に隠蔽され、まるで何も変わっていないかのような現実感に回収されてもきた。しかしトランプ時代のアメリカは、大統領自身の日々の言動が、露悪的なまでに裂け目を際立たせている。そのリスクは、混乱した日常の連続に人々がすっかり慣れてしまい、無感覚になっていくことだろう。どちらの場合も、「メディアと社会の溶融」が未来にもたらす大きなリスクである。主に安倍政権の五年間を視野に収めて現在進行形の風景を連ねた本書から、迫りくる時代のリスクも感じ取っていただきたい。

最後になるが、この六〇枚の写真を撮影し、いわばそれらの写真集として本書を出すことができたのは、多くの方々の助力があったからこそである。まず、お礼を述べなければならないのは、私の「社会時評」欄を担当してきていただいた新聞三社連合の歴代編集部長、北里晋氏、加藤敦氏、石井敬氏である。まったく自慢できることではないが、私は締切を守ったためしのないランナーなので、土壇場の校閲、修正、字句調整で滑り込みセーフすることが五年間、毎月続いたのだ。私自身は、こういうスリリングな瞬間の連続はそう嫌いではないが、こんな著者の相手をするのはさぞ疲れることだったろう。そして前著に続き、集英社新書編集部で本書を担当してくださった落合勝人氏と細川綾子氏に改めて心からお礼申し上げる。お二人の見事なチームワークと丁寧なサポートで、新聞連載を単にまとめたというだけでなく、これまでの本との連続性も明確な一冊にまとめあげられたことを心から嬉《うれ》しく思っている。

二〇一八年三月　ベルモント、マサチューセッツ州

吉見俊哉

年表　2013年〜18年に起きた主な出来事

年	月	出来事
2013年	4月	日本銀行の黒田東彦総裁が「異次元の金融緩和」を発表
	6月	エドワード・スノーデン氏が米国の情報収集活動を暴露
	9月	2020年夏季五輪開催地が東京に決定
	12月	特定秘密保護法が可決、成立
2014年	1月	小保方晴子氏らがSTAP細胞について発表。その後、研究不正が発覚、騒動に
	2月	ウクライナ危機勃発
	6月	「イスラム国」樹立宣言
	9月	香港で学生らによる「雨傘革命」起こる
	12月	第47回衆議院議員総選挙で自民党が291議席獲得し、圧勝
2015年	1月	「イスラム国」が邦人人質殺害
	4月	安倍首相が翁長沖縄県知事と初会談
	7月	新国立競技場の建設計画が白紙撤回される
	9月	安全保障関連法が可決、成立
	10月	米軍普天間飛行場の辺野古移設計画で、本体工事に着手

	11月	「イスラム国」の戦闘員と見られる犯行グループによるパリ同時テロ。130人が死亡
	12月	慰安婦問題で日韓合意成立（その後、韓国政府は日韓合意検証の報告書を公表）
2016年	2月	TPP、参加12ヵ国が協定文書に署名
	4月	パナマ文書報道
	4月	熊本地震発生。益城町で震度7を観測
	5月	オバマ大統領が現職の米大統領として初めて被爆地・広島を訪問
	6月	英国が国民投票によりEU離脱を選択
	7月	ポケモンGOが日本上陸
	7月	東京都知事選挙で小池百合子氏が当選
	8月	天皇陛下が「生前退位」を示唆するお気持ちを表明
	11月	米国大統領選挙でドナルド・トランプ氏が当選
2017年	1月	ドナルド・トランプ氏が第45代米国大統領に就任。「米国第一主義」を宣言
	5月	加計学園の獣医学部新設問題で首相の関与を示唆する文書の存在が報道される
	6月	「共謀罪」法が可決、成立
	9月	北朝鮮が6回目の核実験を強行。核・ミサイル開発を加速
	12月	天皇陛下が退位される日を2019年4月30日と定めた政令を閣議決定
2018年	1月	仮想通貨流出事件発生。被害額は約580億円相当
	3月	森友学園の学校用地取得に関して財務省が決裁文書の改竄を認める

本文デザイン／MOTHER
図版作成／クリエイティブメッセンジャー

吉見俊哉（よしみ　しゅんや）

一九五七年、東京都生まれ。東京大学大学院情報学環教授。ハーバード大学客員教授。社会学、都市論、メディア論、文化研究を主な専門とし、日本のカルチュラル・スタディーズにおいて先導的役割を果たす。著書に、『都市のドラマトゥルギー』『博覧会の政治学』『親米と反米』『ポスト戦後社会』『万博と戦後日本』『夢の原子力』『大学とは何か』『「文系学部廃止」の衝撃』『視覚都市の地政学』『大予言「歴史の尺度」が示す未来』など。

戦後《せんご》と災後《さいご》の間《あいだ》——溶融《ようゆう》するメディアと社会《しゃかい》　集英社新書〇九三八B

二〇一八年六月二〇日　第一刷発行

著者……吉見《よしみ》俊哉《しゅんや》

発行者……茨木政彦

発行所……株式会社集英社

東京都千代田区一ツ橋二-五-一〇　郵便番号一〇一-八〇五〇

電話　〇三-三二三〇-六三九一（編集部）
〇三-三二三〇-六〇八〇（読者係）
〇三-三二三〇-六三九三（販売部）書店専用

装幀……原　研哉

印刷所……大日本印刷株式会社　凸版印刷株式会社

製本所……加藤製本株式会社

定価はカバーに表示してあります。

ISBN 978-4-08-721038-5　C0236

Printed in Japan

a pilot of wisdom

a pilot of wisdom

集英社新書　好評既刊

「東北のハワイ」は、なぜV字回復したのか　スパリゾートハワイアンズの奇跡
清水一利　0925-B
東日本大震災で被害を受けた同社がなぜ短期間で復活できたのか？　逞しい企業風土の秘密を解き明かす。

人工知能時代を〈善く生きる〉技術
堀内進之介　0926-C
技術は生活を便利にする一方で、疲れる世の中に変えていく。こんな時代をいかに〈善く生きる〉かを問う。

大統領を裁く国　アメリカ　トランプと米国民主主義の闘い
矢部　武　0927-A
ニクソン以来の大統領弾劾・辞任はあるか？　この一年の反トランプ運動から米国民主主義の健全さを描く。

国体論　菊と星条旗
白井　聡　0928-A
自発的な対米従属。その呪縛の謎を解く鍵は「国体」の歴史にあった。天皇制とアメリカの結合を描いた衝撃作。

村の酒屋を復活させる　田沢ワイン村の挑戦
玉村豊男　0929-B
「過疎の村」になりかけていた地域が、酒屋復活プロジェクトを通じて再生する舞台裏を描く。

体力の正体は筋肉
樋口　満　0930-I
体力とは何か、体力のために筋肉はなぜ重要なのか、体を鍛えるシニアに送る体力と筋肉に関する啓蒙の書。

広告が憲法を殺す日　国民投票とプロパガンダCM
本間　龍／南部義典　0931-A
憲法改正時の国民投票はCM流し放題に。その結果どんなことが起こるかを識者が徹底シミュレーション！

シリーズ〈本と日本史〉②　遣唐使と外交神話　『吉備大臣入唐絵巻』を読む
小峯和明　0932-D
後代に制作された「絵巻」から、当時の日本がどのような思いを遣唐使に託していたかを読み解いていく。

究極の選択
桜井章一　0933-C
選択の積み重ねである人生で、少しでも納得いく道を選ぶために必要な作法を、二〇年間無敗の雀鬼が語る。

デジタル・ポピュリズム　操作される世論と民主主義
福田直子　0934-B
SNSやネットを通じて集められた個人情報が選挙や世論形成に使われるデジタル時代の民主主義を考える。